Espacio Mesoamericano

Un horizonte abierto

Espacio Mesoamericano

Un horizonte abierto

Iliana Godoy Patiño

2011

Primera Edición 2011

Queda prohibida la reproducción total o parcial de esta obra incluido el diseño tipográfico y de portada sea cual fuere el medio, electrónico o mecánico, sin el consentimiento por escrito del editor.

©ARCHITECTHUM PLUS S.C.
Díaz de León 122-2 Aguascalientes, Aguascalientes
México CP 20000
libros@architecthum.edu.mx

ISBN 978-607-9137-01-4

Diseño de portada: Adriana Escamilla
Fotografía en contraportada: Gabriela Bautista
Ilustración de portada: Paulina García Flores
Ilustraciones interiores: Alejandro Villanova

I would say that in my scientific and philosophical work, my main concern has been with understanding the nature of reality in general and of consciousness in particular as a coherent whole, which is never static or complete, but which is in an unending process of movement and unfoldment.

David Bohm

Contenido

PÓRTICO   11

INTRODUCCIÓN   13
    Marco teórico   15

1. ANTECEDENTES HISTÓRICOS   19
    Visión del arte prehispánico desde el Siglo XVI a la actualidad   21
    Noción de arquitectura prehispánica   30
    Principales enfoques historiográficos   32

2. PERSPECTIVA METODOLÓGICA   37
    Enfoque interdisciplinario   39
    Criterio de análisis   40

3. ANÁLISIS FORMAL   43
    Vacío y volumen cerrado en la arquitectura mesoamericana   45
    Límites espaciales y enmarcamientos   49
    Continuidad y ruptura. Tablero-talud   51
    Espacio cerrado y abierto. Límites reales y virtuales   55
    Trayectorias determinadas y abiertas   57

4. FORMA E IMAGEN   59
    Gestalt y percepción visual   61
    Generalidades, historia, avances   61
    Equivalencia, oposición. Semejanza y diferencia. Complejidad y simplicidad   63
    Leyes de percepción visual   66
    Construcción de la imagen como sistema de fuerzas visuales   67

5. GESTÁLT Y FORMAS PREGNANTES   71
    Unidad por orden de semejanzas   73
    Unidad por límites espaciales, emplazamiento, topografía   73
    Unidad por ejes visuales   73
    Unidad por ritmo   74
    Unidad por materiales, textura y color   74

6. FORMA, ESPACIO Y SIGNIFICADO — 77
- Composición geométrica — 79
- Escala y concepto de monumentalidad — 81
- Simplicidad del volumen unitario — 85
- Plenitud de las formas cúbica y esférica — 86
- Tensión ascensional — 86
- Deformaciones perspectivas integradas a la forma plástica — 87
- Tensión dinámica — 88
- Proporción y trazos reguladores — 89
- Sección áurea y gnómones — 90
- Composición modular y fractal — 90
- Regularidad – irregularidad — 92
- Relación centro periferia — 93
- Ejes y abatimientos — 94

7. ANÁLISIS ESPACIAL — 97
- Espacio conceptual — 99
- Espacio vivencial — 100
- Espacio y mensaje cultural — 101

8. RELACIONES ESPACIALES Y SIGNIFICADO. INTERPRETACIÓN — 103
- Horizontalidad y verticalidad. Contraste — 105
- Relación arriba-abajo. Expresiones de poder — 105
- Templo y plaza: fusión e individuación — 107
- Escenario ritual y actualización del mito — 107
- Convergencia y focalidad. Remates visuales — 107
- Misterio y revelación. Arquitectura y máscara — 107
- Espacio abierto y monumentalidad — 108
- Divergencia, oscilación y dualidad — 111
- Espacio plegado y desplegado — 111

9. APROXIMACIÓN HERMENÉUTICA. DOS RECORRIDOS VIVENCIALES — 113
- Introducción — 115
- Teotihuacan: Percepción y recorrido espacio temporal — 115
- Interpretación — 118
- Monte Albán: Percepción y recorrido espacio temporal — 119
- Interpretación — 119

10. PATRONES PREHISPÁNICOS EN LA ARQUITECTURA DEL SIGLO XX — 121
Factores ideológicos y primeras valoraciones del arte prehispánico — 123
Monumentos con tema prehispánico en la época porfiriana — 124
De la arqueología al arte prehispánico — 125
Influencia decorativa en arquitectura — 126
Obras del primer nacionalismo: neoaztequismo y neomaya — 127
Ornamentación prehispánica en la arquitectura Decó — 127
Primer funcionalismo y rechazo de modelos históricos — 128
Integración plástica — 129
Asimilación moderna de los modelos prehispánicos — 129

11. PRESENCIA PREHISPÁNICA EN LA ARQUITECTURA ACTUAL — 131
Asimilación de la geometría mesoamericana — 133
Presencia prehispánica en Ciudad Universitaria — 134
Actualización de la monumentalidad — 135

CONCLUSIONES — 137
Reciclaje formal — 139
Identidad ante la globalización — 141

LISTA DE ILUSTRACIONES — 145

BIBLIOGRAFÍA — 147

PÓRTICO

Este libro presenta una interpretación actual del espacio arquitectónico en Mesoamérica, mediante un enfoque hermenéutico capaz de acercar dos horizontes culturales tan distantes en el tiempo.

La metodología se basa en las leyes de la Gestalt respecto a la forma visual, y en las aportaciones de la nueva física con sus paradigmas emergentes. Destaca, en este sentido, la teoría del universo plegado y desplegado propuesta por el científico David Bohm.

Este análisis se aplica al espacio vivencial, cuya dimensión se despliega a través del tiempo del caminar humano, en relación con el cosmos circundante.

Nociones tales como: visión holográfica, geometría fractal, límite virtual, umbral entre dos mundos, volumen hermético y vacío complementario, nos ayudan a concebir nuevas categorías espacio temporales distintas a las postuladas por la historiografía occidental.

La monumentalidad se estudia aquí como una cualidad inherente a la forma y sus efectos de perspectiva a cielo abierto.

El libro concluye con algunos ejemplos de reciclaje formal a partir de la valiosa herencia urbano-arquitectónica mesoamericana, cuyo mensaje vivo continúa alimentando nuestra identidad.

INTRODUCCIÓN

Marco teórico

Aproximarse a la arquitectura prehispánica es un reto, tanto para el arquitecto como para el historiador o el teórico, porque la falta de fuentes originales que se refieran al uso del espacio nos sitúa en el terreno de las hipótesis.

Contamos con la evidencia arqueológica que proporcionan los centros ceremoniales, pero más allá del testimonio histórico nos vemos precisados a buscar un lenguaje que nos hable por sí mismo en los sitios y edificios, así como en la escultura y la pintura.

De esta necesidad surge el cuestionamiento por el grado de autonomía que puede tener el lenguaje plástico en sí mismo para dar cuenta de la cultura de una época. Si a esto le agregamos que la cultura en cuestión es ajena a los cánones del arte occidental, el problema se agudiza y nos lleva al terreno de la interpretación.

En su prólogo a *Verdad y método* el filósofo alemán Hans-Georg Gadamer (1900-2002) nos dice:

> *Habría que admitir que por ejemplo una imagen divina antigua, que tenía su lugar en un templo no en calidad de obra de arte, para un disfrute de la reflexión estética, y que actualmente se presenta en un museo moderno, contiene el mundo de la experiencia religiosa de la que procede tal como ahora se nos ofrece, y esto tiene como importante consecuencia que su mundo pertenezca también al nuestro.*

El universo hermenéutico abarca a ambos.[1]

Lo anterior quiere decir que la obra de arte integra en su presencia el mensaje total que una cultura del pasado destinó para la posteridad. Por lo tanto en dicha obra se pueden leer no sólo las cuestiones formales, sino el significado cultural de las mismas, efectuando, desde luego, una adecuada interpretación hermenéutica, basada en la comprensión de las ciencias del espíritu y los códigos particulares que rigen a la cultura en cuestión.

La presencia de la arquitectura mesoamericana, con su lenguaje estético contundente, nos lleva a preguntarnos qué nos dicen las formas urbano-arquitectónicas acerca de la vida de nuestros ancestros. La respuesta está cifrada en claves culturales que desconocemos, pero sin duda está presente como una codificación implícita en la forma.

Según afirma George Kubler (1912-1996), el objeto artístico ocupa una posición privilegiada en la producción de objetos significativos a través de la historia, tanto por la trascendencia de sus temas como por sus cualidades estéticas. Ambos aspectos deben ser estudiados para lograr su comprensión.[2] Es tan importante aquello que la obra dice (tema), como la manera en que lo comunica.

---

1 Hans-Georg Gadamer, *Verdad y Método*, Pag. 13.
2 Kubler, *The Shape of time* Pp. 23-49.

En las artes visuales que presentan un lenguaje figurativo es posible delimitar el tema y las calidades plásticas, pero en la arquitectura esta diferenciación no es evidente. Lo más aproximado a lo que constituye el tema en la pintura serían en arquitectura los aspectos programáticos, el destino y la función utilitaria de la edificación. Estos aspectos suelen perderse cuando desaparece el contexto original de la obra, en cambio el aspecto formal y las calidades plásticas son siempre susceptibles de analizarse. Sin embargo, el problema no es sencillo porque implica conocer el proceso de transformación que el edificio ha tenido a lo largo de su historia, y esto en sí es todo un tema de investigación histórica.

El aspecto temático en la arquitectura prehispánica, su contenido, el asunto del que trata, es equivalente a su función y destino, los cuales en sentido estricto desconocemos. Sólo contamos con las crónicas del Siglo XVI, cuyas descripciones dan noticia de las ciudades y edificaciones, vistas con los ojos de hombres renacentistas, quienes los interpretaban según los modelos europeos que conocían. La utilidad de estas fuentes es innegable, siempre y cuando las abordemos desde la perspectiva de su historicidad.

En el sentido del uso integral del espacio arquitectónico cabe preguntarnos hasta qué punto en la organización del mismo se reflejan las particularidades de su función y si nos es posible interpretar su significado desde la actualidad. En otras palabras, la cuestión apunta hacia el alcance de la interpretación a partir de la obra en sí, como propuesta espacial y formal.

Un enfoque dialéctico que relacione la aportación de las fuentes documentales con las manifestaciones espaciales y formales de la arquitectura del pasado puede fundamentar una hipótesis coherente, siguiendo las pautas de Gadamer en su hermenéutica.

Formación (bildung) es un concepto genuinamente histórico y, precisamente en este carácter histórico de la "conservación" es de lo que se trata en la comprensión de las ciencias del espíritu.[3]

Aunada a la noción de formación o *bildung*, proveniente de Heidegger, Gadamer enfatiza el concepto del buen sentido o sentido común que deberá entenderse no en el sentido kantiano del término, sino más bien en el sentido de la prudencia o frónesis[4] que se obtiene a través del cultivo de la sensibilidad y de la formación humanista del investigador.

Para la interpretación formal multidisciplinaria que se propone en este trabajo contamos con las aportaciones de la Gestalt, el análisis geométrico, la visión holográfica de la composición y el concepto de universo plegado y desplegado, postulado por el físico cuántico David Bohm (1917-1992).[5]

Como referente necesario de la investigación se tomarán como base aquellas pro-

---

3 Gadamer, *Op. Cit.* Pág. 40.
4 La palabra frónesis proviene de la *Ética Nicomaquea* de Aristóteles y se define como sabiduría práctica.
5 David Bohm, *Wholeness and the implicate order*, Pp. 141-162.

puestas de los teóricos e historiadores del arte y de la arquitectura que resulten pertinentes para el objeto de estudio.

Se habrán de obtener así patrones fundamentales de configuración espacial del período prehispánico en sus diferentes momentos y regiones.

El siguiente problema a considerar es la manera en que se ha dado la apropiación histórica del universo formal prehispánico hasta nuestros días y establecer las características de su interpretación actual. Aquí la historicidad es fundamental; cada época condiciona la selección de paradigmas del pasado que le son afines y los reinterpreta de acuerdo a sus valores vigentes.

La valoración del arte mesoamericano ha pasado por diferentes momentos: el rechazo colonial, la idealización exótica del porfiriato, la exaltación autóctona posrevolucionaria y, finalmente, la retórica de estado, vigente durante buena parte del Siglo XX.

A partir de la Revolución Mexicana creció en México el interés por la cultura prehispánica como signo de identidad nacional. En la política gubernamental las reminiscencias del pasado indígena y su actualización han sido un medio de legitimación ideológica y partidista para construir y publicitar el imaginario de México en el mundo entero. En el campo donde este fenómeno ha actuado con mayor proyección ha sido en la pintura mural que, debido a sus marcas identitarias, ha trascendido nuestras fronteras y es apreciada mundialmente.

1. ANTECEDENTES HISTÓRICOS

Visión del arte prehispánico desde el Siglo XVI a la actualidad

En líneas generales, el balance del Siglo XVI es positivo para la arquitectura y el urbanismo prehispánicos, y negativo para la escultura y la pintura.

La arquitectura prehispánica se valora durante la conquista por su carácter abstracto y por su grandiosidad. La admiración por las ciudades y sus edificaciones se explica porque la geometría y la composición arquitectónica no tienen connotaciones ideológicas: una plaza se valora en función de su trazo y proporciones; un basamento impresiona en razón de su escala, proporción, volumetría y solidez estructural, independientemente de sus funciones religiosas. Estas consideraciones fueron válidas como primera impresión, pero a medida que avanzó la conquista, esto resultó discutible, pues, según los cronistas, cuando los españoles descubren la función sacrificial de los edificios religiosos y el papel que estos desempeñan en los rituales, rechazaron con horror aquellos recintos donde los sacerdotes realizaban sus ofrendas de sangre.[6] La admiración inicial se vio pronto sustituida por una voluntad de exterminio hacia todo vestigio de la antigua religión. Templos y basamentos fueron derribados, y sobre ellos se construyeron monasterios y catedrales, como en el caso del recinto ceremonial del Templo Mayor.

En cuanto a la grandiosidad, ciertamente la escala monumental de la arquitectura mexica impresionó a los conquistadores; muestra de ello es que compararon con mezquitas y torres los basamentos piramidales. Desde las primeras crónicas se hizo patente el asombro de los conquistadores ante el orden urbanístico de los conjuntos ceremoniales.[7] Esta reacción inicial, creemos, no fue en el fondo admiración hacia los valores arquitectónicos y urbanísticos; se trató más bien de una exaltación de la importancia del territorio a conquistar para gloria de la corona española, cuya recompensa para los conquistadores iría en proporción con la riqueza de los reinos allegados al imperio.

Por contraste con lo arquitectónico, la reacción generalizada hacia la escultura fue de horror ante aquellas "cosas de monstruos" y "malas figuras". Así calificaban los conquistadores la imaginería prehispánica.[8]

Nuevamente, aclaremos que este rechazo no se produjo por motivos puramente estéticos, sino en razón del choque cultural que satanizó a la religión prehispánica. El rechazo a todo paganismo estaba exacerbado por la reconquista española que recién había expulsado de su territorio a los árabes; para los conquistadores, la religión náhuatl era sólo una forma de idolatría con rituales cruentos; la escultura, por lo tanto, fue perseguida como la encarnación de tales prácticas. Las representaciones de los dioses se consideraban ídolos, y se perseguían

---

6 Bernal Díaz del Castillo. *Historia verdadera de la conquista de la Nueva España*. Pag. 164.

7 *Ibid.*, Pag. 173-193.

8 Justino Fernández, "Coatlicue" en *Estética del arte mexicano*. Pp. 33-35.

con saña para ser destruidas, al grado de que muchas de ellas fueron escondidas por el pueblo para que pudieran preservarse. Tal pudo ser el caso de Coatlicue y la Piedra del Sol que se hallaron enterradas en los alrededores del Templo Mayor.[9]

Durante el Siglo XVII comenzó una leve apertura para asimilar las diferencias radicales entre arte indígena y arte europeo, con la consiguiente valoración de lo prehispánico, especialmente en el caso de Carlos de Sigüenza y Góngora (1645-1700),[10] quien, como científico y humanista no podía permanecer indiferente ante el legado de una gran cultura, aunque ésta fuera ajena al sistema de valores impuesto por la metrópoli española. Él sabía que el estudio de aquel pasado abriría nuevas puertas a la investigación. Sigüenza se interesó en los campos de la astronomía y el estudio del calendario prehispánico. Aunque esta valoración temprana obedece a criterios científicos, más que antropológicos y estéticos, no cabe duda de que se inició un camino favorable a la investigación humanística, al llamar la atención sobre la trascendencia de las culturas originales de América.

El Siglo XVIII trajo un cambio de actitud, ilustrado por las ideas de los jesuitas, quienes fueron expulsados de los dominios españoles en 1767. En ese tiempo la curiosidad científica se vio impulsada por la política ilustrada de los Borbones. A esta mentalidad corresponde la crónica de viaje de Alexander von Humboldt (1769-1859) por Iberoamérica entre 1799 y 1804. Los estudiosos de América aspiraban a equiparar la riqueza natural y cultural del nuevo mundo con el indiscutible mundo clásico, paradigma de la racionalidad tan exaltada por entonces. En concordancia con este criterio, Humboldt soñaba con ver en el patio de la Academia de San Carlos las esculturas monumentales prehispánicas, junto a las esculturas del mundo clásico.[11]

Es claro que, de acuerdo con la época, cuyos modelos eran europeos, sería imposible aspirar a una valoración autóctona, sin embargo, habría que preguntarse si esta valoración del arte antiguo de la Nueva España junto al arte clásico occidental sería tan beneficiosa, ya que dicho clasicismo marcó un modelo que nubló por mucho tiempo los valores propios y originales del arte mesoamericano.

Cabe mencionar, como fenómeno cultural de amplia trascendencia, el Guadalupanismo, que se inició en el Siglo XVI y poco a poco se fue consolidando como importante factor de identidad y orgullo americano. De este modo, lo indígena se vio reflejado en los máximos valores culturales y sociales de la Nueva España, y fue, como sabemos, estandarte de nuestra independencia.

---

9 Hipótesis que explicaría el hallazgo de Coatlicue frente a lo que ahora es el edificio de gobierno del Distrito Federal. Los comentarios provienen de las *Cartas del conquistador anónimo y de la Historia verdadera de la conquista de la Nueva España*, de Bernal Díaz del Castillo.

10 Justino Fernández *Op. Cit.*, Pag. 37.

11 Alejandro Humboldt, *Ensayo político de la Nueva España*. Pag. 41.

Durante el Siglo XIX se desarrolló un interés creciente por el arte antiguo americano, en especial por la arquitectura, cuyos edificios y relieves fueron dibujados con minucioso criterio arqueológico, siguiendo el ejemplo de Johann Joachin Winckelmann[12] (1717-1768) en su estudio sobre el arte clásico. Viajeros apasionados como Frederick Catherwood (1799-1854)[13] registraron con detalle el estado de las ruinas mayas, en dibujos no exentos de un sentimiento romántico hacia las ruinas. Entre los principales historiadores de la época, se cuentan: José Bernardo Couto (1803-1862) y Manuel Orozco y Berra (1816-1881), ambos imbuidos por las corrientes estéticas de la época, que valoraban la escultura y la pintura en función de la imitación de modelos naturales. Siguiendo los dictámenes del pensamiento positivista, tal era la única expresión plástica de prestigio en las academias.

En el historiador Alfredo Chavero (1841-1906)[14] tenemos un caso excepcional de apreciación de nuestro arte antiguo durante el Siglo XIX. Este autor es el primero en considerar la belleza de esculturas como las cabezas de Coyolxauhqui y la escultura de Coatlicue. En su extenso ensayo "Historia antigua y de la conquista", que aparece en México a través de los siglos; Chavero -a diferencia de su contemporáneo Orozco y Berra, quien se refería a la pintura prehispánica como simples "mamarrachos"- considera de alto valor estético las pinturas de códices como el Vaticano, y encarece la belleza de los relieves en los monumentos mayas. Aunque el juicio de Chavero es un juicio de gusto, y, en cierta forma, una afirmación del nacionalismo en boga, no deja de ser un claro indicio del interés que el arte prehispánico ha ido generando, conforme nos acercamos a nuestros días.

Para terminar el balance del siglo XIX, vale la pena recordar el experimento propuesto por Manuel Gamio (1883-1960) y realizado por Salvador Toscano (1872-1947), a fin de averiguar el consenso del público hacia las esculturas más representativas del arte prehispánico: el resultado fue que la mayoría se inclinó definitivamente hacia las obras de aspecto naturalista, como el Caballero Águila, la escultura de Coscatlán, y algunas piezas de cerámica de Jalisco, Nayarit y Colima, donde los animales eran representados con gran vitalidad. Esta encuesta demostró que los juicios de gusto del gran público están condicionados culturalmente por los preceptos aprendidos, que en este caso favorecen la copia fiel de modelos naturales derivada de los cánones neoclásicos.

En la visión histórica del Siglo XIX, Manuel G. Revilla (1846-1881)[15], sin comprender del todo el arte prehispánico, lo

---

12 En 1755 Winckelman, después de su estancia como bibliotecario en el castillo de Nöthnitz, publicó su exitoso libro *Reflexiones sobre el arte griego en la pintura y la escultura*, con ilustraciones de Adam Freiedrih Oeser.
13 Después de visitar las ruinas del mundo clásico viajó a la zona maya en compañía de John Lloyd Stephens entre 1836 y 1839.
14 Justino Fernández, *Op. Cit.* Pp. 43-44.

15 *Ibíd.*, Pp. 45-47. Justino Fernández se refiere al libro de Revilla: *El arte en México*, 2a edición, 1923.

incluye como base de los desarrollos posteriores y le concede autonomía tomando en cuenta las diferencias culturales que lo caracterizan. En su resumen del proceso crítico, Justino Fernández afirma al respecto:

> *... no hay que olvidar que Revilla fue el primero entre mexicanos y extranjeros en hacerle frente desde 1893 a un tema nuevo para la historia, como era y es el arte indígena antiguo. Afirmarlo dentro del desarrollo histórico fue el principal acierto de Revilla y un nuevo avance en la conciencia histórica.*[16]

José Juan Tablada (1871-1945), por su parte, dedica al arte indígena casi la mitad de las páginas de su *Historia del arte en México* (1927). Dicha obra se inscribe en el momento del naciente nacionalismo posrevolucionario, y eso explica en mucho su exaltación de lo autóctono. Para Tablada el arte indígena no es ni naturalista, ni abstracto, sino decorativo, concepto que no se aclara del todo a lo largo de su obra, pues el autor reconoce el significado religioso de aquellos motivos que él mismo había considerado ornamentales.[17]

En esta concepción decorativa del arte prehispánico se inscriben las reflexiones de Eulalia Guzmán (1890-1985),[18] quien trató de establecer los caracteres fundamentales del arte indígena. Sin embargo, su insistencia en lo ornamental le resta profundidad a su visión del arte. Hoy sabemos que en el arte nada es ornamental, sino que todo forma parte de una estructura significante. Los relieves, el estuco y la pintura constituyen un lenguaje indivisible de la expresión total de la obra artística.

La obra de Edmundo O'Gorman (1906-1995) es muy importante, ya que en ella se plantean los problemas básicos del arte indígena; en su pequeño ensayo *El arte o de la monstruosidad*[19] el primer problema es fundamentar la validez de la reflexión histórico-crítica hacia el arte prehispánico, dado que ignoramos si nuestra categoría de arte coincide con la que nuestros antepasados podían tener, si es que la tenían en el sentido que actualmente le damos; el segundo problema que aborda O'Gorman es el de la contemplación artística de la obra. La experiencia estética se ve condicionada muchas veces por ideales y modelos preconcebidos, entre ellos la belleza clásica, cuyas expectativas de belleza ideal han impedido por mucho tiempo a los espectadores el goce estético de obras basadas en otros cánones, como aquellos que incluyen lo "monstruoso" en su expresión, integrándolo como posible categoría estética.[20]

La valoración que Justino Fernández (1904-1972) hace de la aportación de Edmundo O'Gorman se desprende de los siguientes comentarios:

---

16 *Ibid.*, Pp. 99-100.
17 *Ibid.*, Pp. 49-52. Justino Fernández deriva el pensamiento de Tablada del ensayo de Eulalia Guzmán titulado *Caracteres fundamentales del arte antiguo mexicano* (1933).
18 *Ibid.*, Pp. 55-60.

19 Edmundo O'Gorman escribe su texto *El arte o de la monstruosidad en 1940.*
20 Justino Fernández, *Op. Cit.*, 8-19.

Antecedentes históricos

> *En el ensayo de O'Gorman -escrito en 1940- resuenan las ideas de Simmel, Levy-Bruhl y Worringer...mas eso no quiere decir que sus ideas no sean propias y originales... Su ensayo significa el más poderoso y consciente esfuerzo para dar un sentido positivo al arte no clásico y hacer posible nuestra comprensión de él y, aun más, dar una nueva fundamentación al arte en general.*[21]

La única crítica que se puede hacer a O'Gorman es que retoma en su obra el concepto de "monstruoso", calificativo saturado por el sentido peyorativo que otros autores le han conferido. Para O'Gorman, lo monstruoso es aquello que está fuera del orden natural; según él, lo monstruoso encarna un tipo de belleza derivado de la tradición mítica; esta belleza no aspira al equilibrio y al orden de la belleza clásica; por el contrario, obedece a otra categoría, donde lo imperfecto y lo "feo" tienen cabida en razón de que expresan limitaciones inherentes al ser humano, tales como la fatalidad de la muerte y la orfandad del individuo frente al misterio universal. Para O'Gorman lo monstruoso implica la connotación de portento y de prodigio (del latín *monstrum*, prodigio), al mismo tiempo que alude a un orden antinatural. En tal sentido, la valoración de lo monstruoso oscila entre el terror y el pasmo. No podemos dejar de recordar con esto la noción que Kant (1724-1804)[22] propone para lo sublime, donde la magnitud y la intensidad de la experiencia estética crecen hasta hacerla colindar con el terror, volviéndola casi insoportable. Lo sublime eleva las facultades del espíritu humano hasta su máxima tensión. Recordemos que, como ejemplo de lo sublime, Kant propone el sentimiento que se produce ante los fenómenos de la naturaleza, tales como una tempestad, donde la fuerza del viento, unida a la inconmensurable fuerza del mar, producen un sentimiento de temor, que se confunde con una admiración sin límites. En el mismo capítulo sobre lo sublime, contenido en su *Crítica del juicio*, Kant define lo monstruoso como *un objeto que, por su magnitud, niega el fin que constituye su propio concepto.*[23]

Estas nociones kantianas de magnitud inherentes a lo sublime y a lo monstruoso no son recuperadas ni por O'Gorman, ni por Justino Fernández en sus categorías estéticas, tal vez porque ninguno de ellos analiza a profundidad el problema de la escala ni el concepto de monumentalidad.

Es notable la influencia de O'Gorman, ya que en la introducción a su ensayo sobre Coatlicue, Justino Fernández se adhiere a la noción de un arte impuro, caracterizado por la "moribundez", como conciencia irrenunciable de la muerte, con la angustia existencial que esta lucidez conlleva.

Estas características del ser humano en su devenir histórico conducen al arte por distintos caminos. No se trata de oponer a

---
21 O'Gorman citado por Justino Fernández, *Loc. Cit.*
22 Immanuel Kant, *Crítica del juicio*, Pp.162-167.
23 *Ibid.*, Pp. 145-169.

la naturaleza un orden distinto, sino de crear un nuevo orden; el arte, entonces, no es una variación de los modelos naturales, ni una deformación de los mismos, sino, en sentido estricto, el arte es creación de otra realidad. Hacer arte es hacer existir aquello que no existía. De lo anterior se desprende que no sólo lo monstruoso se aparta de la naturaleza, sino que todo arte, como creación que es, está fuera del orden natural.

En la obra de Salvador Toscano: *Arte precolombino de México y de la América Central* (1944) destaca el capítulo "La estética indígena", donde se habla del estilo como la expresión formal de una cultura y se desecha la pretensión de universalidad de los cánones clásicos; detrás de estas ideas, se descubre la influencia de Wilhelm Worringer (1881-1965)[24] en el concepto de voluntad de forma como generadora del arte, y en la conciencia de que cada cultura encarna históricamente sus expresiones plásticas. Worringer proporciona antecedentes a los estudiosos del arte prehispánico con sus estudios acerca del arte egipcio y el gótico.

Toscano aparece como un historicista que privilegia el cambio, o lo que él llama la dinámica de los estilos, que sustituye al concepto de esencia inmutable. Lo que le criticaron en su momento Alfonso Caso y Justino Fernández es que haya dividido el libro según la clasificación tradicional de las artes y que no haya acudido a las unidades culturales que se presentan por regiones, para acentuar así el análisis de la dinámica estilística.[25] En Salvador Toscano aparecen también los conceptos de tremendismo, sublimidad y belleza como categorías estéticas correspondientes a las distintas etapas del estilo; lo tremendo correspondería al periodo arcaico, lo sublime al clásico, y lo bello al barroco.[26]

Justino Fernández asienta que "no hay gran expresividad artística sin belleza"[27] y, aunque el comentario se hace respecto a la estética de Paul Westheim, nos parece pertinente aplicarlo al caso de Toscano, quien sólo relaciona la belleza con el último periodo de los estilos, en lugar de aceptar, como lo hace Justino Fernández, que no hay una Belleza, sino varias bellezas, determinadas no sólo por las distintas culturas, sino también por los diversos momentos de los estilos. Sin embargo, Toscano ha sido el más completo heredero de la estética moderna, al asimilar a Kant en el concepto de lo tremendo y lo sublime; a Worringer en el enfoque psicológico e historicista; así como a Heinrich Wölfflin y a Alois Riegl en los enfoques formalistas. Es el suyo un trabajo ecléctico pleno de sugerencias y germen de nuevos enfoques.

Con esta apreciación J. Fernández cierra el capítulo referente a historiadores mexicanos y abre el correspondiente a los críticos e historiadores extranjeros.

El primero es John Lloyd Stephens, autor de "Incidentes de viaje por Centroamé-

---

24 Wilhelm Worringer, *Abstracción y naturaleza*, Pp.28-30.
25 Fernández, *Op. Cit.*, Pp. 60-68.
26 *Ibid.*, p. 68.
27 *Ibid.*, p. 109.

rica y Yucatán" a quien Juan A. Ortega y Medina destaca en su ensayo "Monroismo arqueológico"[28]. Su tentativa fue considerar a los mayas como el equivalente americano del clasicismo grecolatino, con absoluta independencia de las realizaciones europeas. Este clasicismo rebasa, según él, las fronteras de Hispanoamérica y constituye el patrimonio antiguo más valioso para Norteamérica, incluidos, en primer término, los Estados Unidos.[29] Aquí se lee entre líneas: más que el deseo de otorgar autonomía al arte maya, el deseo de los estadounidenses es compartir con Latinoamérica un pasado glorioso.

Herbert Spinden en su obra *A study of Maya Art. Its subjet matter and historical development* valora la religión como sustrato del arte maya, al que coloca por encima del arte asirio y egipcio, y al que sólo aventaja el arte griego de la antigüedad. En general sus criterios estéticos no se apartan del naturalismo y sus principales aportaciones se dan en el terreno cronológico.[30]

El trabajo de Marshall Howard Saville (1867-1935)[31] es de tipo histórico descriptivo; valora la perfección técnica, pero sigue considerando al arte indígena como arte bárbaro.

Según el etnólogo Walter Lehmann (1878-1939)[32], los criterios de apreciación estética se centran en el binomio "impresionismo-expresionismo" como dos posibilidades que se alternan o se combinan como voluntades de creación plástica. Según este criterio, el arte generado a partir de los estímulos del mundo exterior sería impresionista, y aquel cuya generación emane del interior del artista se consideraría expresionista. Para Lehmann, el arte prehispánico participa de ambas tendencias, aunque la dominante es la segunda.

A mi modo de ver el binomio impresionismo-expresionismo debiera remplazarse por el de arte figurativo y arte abstracto, si entendemos por arte figurativo, aquel que imita en mayor o menor grado los modelos naturales, y por arte abstracto, aquel que expresa configuraciones emanadas del espíritu creador, en composiciones esquemáticas y geometrizadas. Lo que resalta del trabajo de Lehmann, es que coloca al arte prehispánico a la altura de gran arte, e incorpora a su análisis principios generales de Estética.

Las apreciaciones de Thomas Athol Joyce, (1878–1942)[33] arqueólogo inglés, son predominantemente arqueológicas e históricas; coincide con Herbert Spinden (1879-1967) en cuanto a la categoría del arte indígena, superior al asirio y al egipcio;

---

28 "Monroismo arqueológico" aparece en *Cuadernos americanos*, México, 1953. En él se ocupa Ortega y Medina de los viajes y notas del explorador Stephens, quien visitó Yucatán y Centroamérica entre 1839 y 1841.
29 Justino Fernández, *Op. Cit.*, Pp. 68-75.
30 *Ibid.*, Pp. 71-75.
31 *Ibid.*, pag. 75. Los textos a los que se refiere son *The Goldsmith's Art*, 1920; *Turquois Mosaic Art*, 1922, y *The Wood-Caver's Art*, 1925.

32 *Ibid.*, Pp. 75-77. Lehmann es autor de *Historia del arte del antiguo México. Un ensayo en torno*, trabajo publicado por Paul Westheim en 1921.
33 *Ibid.*, Pp. 77-78.
Joyce publica en 1927 (mismo año en que apareció la obra de José Juan Tablada), su libro titulado *Maya and Mexican Art*.

coincide con él también en cuanto al carácter grotesco que observa en el arte maya; en lo que difieren estos dos autores es en que Joyce aprecia la perspectiva maya, que a Spinden le parecía imperfecta.³⁴ Aquí también se encuentra implícito el criterio de valoración naturalista del arte.

La posición de otro estudioso extranjero, George C. Vaillant (1901-1945)³⁵, es estrictamente formalista, posición que se le critica por considerarla ahistórica; aunque en sus últimos trabajos Vaillant alcanza una concepción más integral del arte prehispánico, al incorporar plenamente la religión y la forma de vida, como bases de la interpretación estética.³⁶

Otro de los estudios monográficos es el de Sylvanus G. Morley (1883-1948), *The Ancient Maya*, de esta obra se dice que, junto con la de Vaillant sobre el arte azteca, ha sido fundamental para el aprecio del gran público. A diferencia de Vaillant el criterio de Morley es más bien histórico y arqueológico con escasos comentarios de tipo estético. Destaca el hecho de que la selección de obras propuestas resulta una guía básica para quien se quiera acercar al tema del arte maya.³⁷

Al referirse a George Kubler es necesario exaltar su valoración de la escultura azteca como paradigma de la mayor emotividad, porque la mayor ofrenda a los dioses la constituye el sacrificio de un ser humano bien dotado. Sólo entonces la muerte y la belleza se integran en una expresión indisoluble a través de la escultura, con una calidad sin parangón en la historia del arte.³⁸

Otra de las observaciones de Kubler respecto al arte azteca, es la gran diferencia que se da en el tratamiento de los animales respecto a los seres humanos; según él, los primeros están llenos de vitalidad porque representan las fuerzas instintivas de la naturaleza, y los segundos presentan actitudes pasivas y de entrega, encontrándose no pocas veces en un estado entre la vida y la muerte. Esta interpretación resulta forzada, pues hay representaciones animales en el mundo mexica que no tienen nada que ver con la vitalidad, tal el caso de las serpientes enroscadas sobre sí mismas, que forman nudos y espirales de perfecto rigor geométrico, ajeno al desenvolvimiento de la vida.

En cuanto a los estudios sobre arte precolombino, que abarcan Norteamérica, Centroamérica y Sudamérica destacan los siguientes autores: Miguel Sola, Pal Kelemen, José Pijoán y Paul Westheim.

Acerca del historiador Miguel Sola³⁹, se consignan opiniones de admiración hacia el arte tolteca (1936), y los consabidos adje-

---

34 *Ibid.*, Pag. 78
35 *Ibid.*, Pag. 79.
La obra de Vaillant se titula *Artists and Craftsmen in Ancient Central America*.
36 *Ibíd.*, Pag. 81.
La obra a la que se refiere Justino Fernández en este último período de Vaillant es *The Aztecs of México*.
37 *Ibid.*, Pp. 81-82.

38 *Ibid.*, Pp. 82-83.
La obra de Kubler en cuestión es *The cycle of life and death in metropolitan Aztec sculpture*.
39 *Ibid.*, Pp. 83-84.
La obra de Sola se titula: "El arte en México y en América Central", dentro del volumen *Historia del arte precolombino*.

tivos de macabro y terrorífico para el arte mexica.

En el caso de Pal Kelemen (1945) la polémica se inicia desde el titulo de su obra: *Medieval American Art*, el cual fue duramente criticado por O'Gorman, quien en la época de la publicación de dicho ensayo se encontraba en Brown University. Kelemen considera que el camino para aproximarse al arte prehispánico es el de la emoción, la cual, según él, es una sola para todos los hombres y en todas las épocas; Kelemen se pregunta por qué ha sido tan tardía la inquietud de la historia del arte hacia el arte prehispánico y se responde que esto es debido a su desarrollo aislado y ajeno a occidente. Justino Fernández opina, en cambio, que el arte prehispánico ha sido valorado sólo cuando el arte occidental ha madurado lo suficiente para mirar más allá de sí mismo.

De José Pijoán (1881-1963) se rescatan las opiniones favorables hacia Teotihuacan, Tula, Isla de Sacrificios, Mitla, Chinkultic y Palenque; su criterio en general es el de valorar las obras que tienen relación con sus propios marcos de referencia: Grecia, Egipto, Roma. Aunque las comparaciones son improcedentes nos demuestran que el arte prehispánico ha tomado carta de naturalización en el arte universal.[40]

En la obra de Paul Westheim (1986-1963) *Arte antiguo de México*, publicada en México en 1950, el criterio predominante es el de establecer las relaciones entre arte y religión. Según Westheim, el arte siempre transmite un mensaje mágico religioso, y no existe el arte por el arte; sin embargo al referirse al mundo maya, éste le parece una excepción por su gran belleza que lo acerca al arte puro. Existe una evidente contradicción entre "arte al servicio de" y "forma pura"; sin embargo el balance final es positivo, dadas la atinadas interpretaciones que hace Westheim acerca de temas centrales como la greca escalonada, la diosa Chalchiutlicue, el sentido espacial de las pirámides y variados aspectos de la cultura maya. Los puntos que destacan en la obra de Westheim son los siguientes: su apreciación acerca de la "combinación abstracto realista" del arte precolombino, su apreciación de que el arte precolombino es un arte colectivo y la unidad de las culturas a partir de una etapa arcaica[41]. A Westheim se deben los primeros análisis de composición, escala y proporción acerca de los conjuntos religiosos mesoamericanos. Esto constituye una importante aportación, puesto que más que de arqueología se está hablando de arquitectura.

Sin embargo es criticable lo relativo al carácter colectivo de este arte, ya que quienes en realidad sabían y marcaban los lineamientos para la expresión artística eran los sacerdotes; el pueblo recibía el arte y afirmaba sus creencias a través de él. Este proceso de socialización del arte no implica que las formas artísticas sean creadas por la colectividad; es el artista quien las crea de acuerdo a ciertas convenciones mágico reli-

---

40 *Ibid.*, Pp. 88-92.

41 *Ibid.*, Pp. 92-97.

giosas que le transmite la casta sacerdotal. Es posible que en aquel tiempo los sacerdotes mismos fueran los artistas.

El carácter colectivo del arte, en este caso, no se da en el aspecto creativo, sino en el aspecto receptivo. Preguntarse hasta qué grado el pueblo era consciente de todas las claves y significados no resulta pertinente, puesto que, de cualquier manera, la colectividad se reconoce en el arte emanado de su propia cultura, aunque como gran público no conozca a fondo los mensajes mágico religiosos que subyacen tras las formas, y en este sentido todo arte es colectivo, puesto que siempre existe una comunidad que se reconoce e interactúa con la obra artística.

El contraste entre abstracción y realismo en el arte precolombino es una de las afirmaciones más polémicas de Westheim. Efectivamente, a partir de las cabezas colosales de La Venta, Westheim afirma que hay un contraste entre la concepción abstracta y expresiva del conjunto y un marcado realismo en el detalle. Esta coexistencia constituye la característica sustantiva de la producción artística precolombina. Volvemos a "binomios" y disecciones que fragmentan a la obra de arte, la cual debe ser considerada como una totalidad expresiva, cuya voluntad creadora no se propone ser realista en determinado porcentaje, y abstracta en otro.

En cuanto a los rasgos comunes del arte americano, basados en el origen común de las culturas en una cultura arcaica, habría que preguntarse, en el caso de que esto se probara históricamente, hasta qué punto este origen común es determinante, y hasta qué punto influyeron las comunicaciones y las conquistas entre los pueblos.

Como conclusión del proceso historiográfico hasta aquí expuesto, citaremos el siguiente párrafo, que resume el análisis de Justino Fernández:

> *Hemos visto, pues, un largo proceso crítico del arte indígena antiguo que va desde el siglo XVI hasta los principios del XX.*

En ese proceso encontramos: admiración e incomprensión en el siglo XVI; apertura, gusto y curiosidad en el siglo XVII; reconocimiento en el siglo XVIII; negación y afirmación en el siglo XIX y un nuevo punto de partida para su comprensión, desde los supuestos mismos de las culturas y sus logros, a las puertas mismas del siglo XX.[42]

Noción de arquitectura prehispánica

El interés por las culturas de la antigüedad se generalizó a mediados del siglo XIX con el descubrimiento de las ruinas de Herculano (1738) y Pompeya (1748) y el consiguiente desarrollo de los estudios sobre arte clásico realizados por Joachim Winckelmann (1717-1768).[43] La serena belleza, plena de claridad inteligible fue

---

[42] *Ibid.*, Pag. 99. Hoy habría que agregar la influencia de los paradigmas emergentes en el Siglo XXI.

[43] Winckelmann es considerado el teórico que define los ideales de estilo clásico en su libro *Historia del arte de la antigüedad*, publicado en 1764.

el ideal exaltado por el racionalismo de la época, y encontró su expresión en el estilo Neoclásico.

Paralela a esta idealización de lo clásico alienta la actitud romántica de, rescatar la armonía de la arquitectura con la naturaleza, a la manera del jardín inglés que rodeaba de vegetación silvestre las obras puristas de los arquitectos revolucionarios, cuya búsqueda de la geometría elemental puso el énfasis en un racionalismo idealizado. En la arquitectura visionaria de Etienne Luis Boullée (1728-1799) y Claude-Nicolas Ledoux (1736-1906), cuyas obras más ambiciosas no pudieron construirse por falta de la tecnología necesaria. Estos proyectos resultan un claro antecedente de la arquitectura moderna, que por su parte sí encontró la respuesta tecnológica, es más, en la mayoría de los casos fue una respuesta a dicha tecnología, emanada de la Revolución Industrial.

En el contexto del estudio sistemático de las obras del pasado se inscribe el interés historicista hacia la arquitectura medieval de fines del siglo XIX. John Ruskin (1819-1900) y Eugene Emanuel Viollet-le-Duc (1814-1879), con diferentes fundamentos, exaltaron a la arquitectura gótica como el modelo a seguir en los distintos géneros arquitectónicos. El primero sostenía que la arquitectura del pasado debe envejecer dignamente, sin evadir su apariencia de antigüedad; para ello recomendaba la consolidación estructural y la protección del monumento, rechazando cualquier "maquillaje". Viollet-le-Duc, en cambio, postulaba que la restauración debe llevar al edificio a superar cualquier etapa de su historia, hasta un estado superior que nunca tuvo.

El deseo de usufructuar el pasado como herencia del presente es una característica que data de aquel momento. A partir de entonces, tanto los arquitectos como la sociedad en su conjunto han asumido la responsabilidad de la puesta en valor de la arquitectura histórica.

Hacia 1850 la revolución industrial se presentó como un parteaguas en la historia; la nueva era que se vislumbraba pretendía romper toda continuidad e instaurar sus propias reglas en una combinatoria de estilos, decidida de golpe en un acto de soberbia voluntad, y no como fruto del pausado diálogo de las formas, que aconsejaba Viollet-le-Duc, a través de la observación de la naturaleza y sus leyes. Esta sabiduría decantada se sustituyó por un afán continuo de novedad, desechando lo histórico como caduco, en aras de una renovación radical.

Las artes ajenas a la cultura occidental tardaron más tiempo en ser asimiladas, pero poco a poco fueron incorporadas al repertorio formal de las vanguardias estéticas. Así el valor del plano pictórico, característico de la pintura antigua, recuperó en Paul Gauguin (1848-1903) el esplendor de la inocencia. La fuerza y expresividad del arte africano encontraron en Pablo Picasso (1881-1973) el cauce para revolucionar la representación figurativa, geometrizando y fragmentando la imagen. El proceso de análisis y síntesis de la imagen, iniciado por Paul Cezanne (1839-1906), desembocó en el movimiento cubista.

El "descubrimiento" de la estética del arte americano como fuente de inspiración del arte contemporáneo se dio más tarde. Los famosos viajeros del Siglo XIX no hicieron sino preparar el terreno con sus crónicas y el registro minucioso de imágenes, debidas sobre todo a John Lloyd Stephens y Frederick Catherwood[44]. Si bien la admiración del mundo hacia las culturas antiguas de América crecía, el interés era meramente arqueológico, inscrito en la atracción que despierta el exotismo en la mentalidad positivista de la época.

Este criterio consideraba el patrimonio material prehispánico como monumentos y sitios dignos de conservación por su antigüedad y valor testimonial. La carencia de categorías conceptuales que enfocaran dicho patrimonio como arquitectura prevalecieron hasta los años cincuenta en que Paul Westheim, basado en los teóricos alemanes que lo antecedieron, esclarece los valores expresivos que ubican estas obras como arquitectura de primer orden.[45]

Hacia los años treinta, el arquitecto Ignacio Marquina realizó un registro muy completo de los monumentos y sitios conocidos en su libro *Arquitectura Prehispánica*. Es innegable la importancia de esta obra como libro de consulta, sin embargo su criterio es predominantemente arqueológico y descriptivo.

En las décadas de los sesenta y setenta destaca la obra de Paul Gendrop (1931-1987) cuyas aportaciones al estudio de la arquitectura mesoamericana y maya en particular siguen vigentes. En especial son importantes los dibujos que realizó a partir de rigurosos levantamientos y fotografías.

En fechas recientes han aparecido textos de los arquitectos César Novoa,[46] Alejandro Villalobos[47] y Alejandro Mangino Tazzer[48], con novedosos criterios de análisis y representación de monumentos y sitios mesoamericanos.

Existen, desde luego, referencias a la arquitectura mesoamericana en los estudios de historia del arte, pero dichas referencias generalmente no abordan conceptos fundamentales de la arquitectura como espacio, composición, geometría, proporción, color, estructura, sistema estructural, etc.

Principales enfoques historiográficos

En el estudio del arte antiguo de México ha sido determinante la ubicación de Mesoamérica como región de altas culturas.[49]

---

44 Juntos publicaron *Viajes a Centroamerica, Chiapas y Yucatán* en 1841

45 Paul Westheim, *Ideas fundamentales del arte mesoamericano* aparece en 1957.

46 César Novoa, *Espacio y forma en la visión Prehispánica.*, publicado en 1978.

47 Alejandro Villalobos, *Perspectivas de la investigación arqueológica,* , analizando geometría, ejes y secuencias de uso.

48 Alejandro Mangino Tazzer, *Arquitectura Mesoamericana. Relaciones espaciales.*

49 Kirchoff delimita la región de Mesoamérica con base en el desarrollo de las civilizaciones, tomando en cuenta la economía,

Dentro de Mesoamérica se ubican cinco regiones: Altiplano Central, Costa del Golfo, Oaxaca, Zona Maya y Occidente.

La división cronológica en horizontes: Arcaico, Preclásico, Clásico, Epiclásico y Postclásico obedece en el fondo a un criterio desarrollista de la civilización y el arte: primitivismo, formación, apogeo y decadencia. Subyacen en esta visión dos argumentos que tienden a justificar la hegemonía de la cultura occidental: la supuesta proximidad del arte antiguo americano con la etapa de salvajismo, y la idea de que la conquista europea se llevó a cabo en una etapa posterior al esplendor de las culturas del horizonte clásico. La palabra postclásico implica relación con algo que ya pasó, y por lo mismo se relaciona con decadencia. Sin embargo, en el postclásico temprano (900-1200) se da en Tula y Chichén Itzá el desarrollo más importante del espacio interior y del apoyo aislado, así como el esplendor de la integración plástica.

Tradicionalmente se ha considerado como arquitectura el espacio construido, delimitado por muros, apoyos y cubiertas. La arquitectura griega, tan admirada por su clasicismo, era abordada más bien como escultura. Las fachadas de los templos se proyectaban en armonía de proporciones con las plazas, tomando como centro el punto de vista del observador y su cono visual que se proyecta a sesenta grados del eje central. Estilobatos, columnas, arquitrabes y frontones se labraban con maestría,

la concentración urbana y la calidad de los restos materiales.

y las proporciones en los distintos órdenes se constituyeron en cánones durante el Renacimiento y el Neoclásicismo. El espacio interior de los modelos griegos ha recibido menor atención por su uso limitado como santuarios y resguardo de reliquias.

El conocido libro de Bruno Zevi, *Saber ver la arquitectura* inicia su recorrido con la arquitectura romana como primer momento de desarrollo del espacio interior como protagonista de la arquitectura, considerando los espacios abiertos como un marco del edificio.[50]

El espacio exterior circundante se ha valorado históricamente en función de la contemplación que ofrece de los distintos monumentos como ejemplos de equilibrio y proporción; visión ajena al contexto original, donde esos espacios tenían un uso físico y psicológico.

Hoy resulta difícil para cualquier historia universal de la arquitectura dejar fuera la arquitectura egipcia y griega, y, si vamos más lejos, sería una torpeza dejar de considerar arquitectura conjuntos megalíticos como Stonehenge.

Como resulta evidente, los enfoques que conciben como espacio arquitectónico sólo el espacio interior dejan fuera a los grandes conjuntos ceremoniales prehispánicos con su marcado predominio del espacio abierto y negación o reducción al mínimo del espacio interior. Esta opción de manejo espacial

---

50 Bruno Zevi en su libro *Saber ver la arquitectura,* Pp. 57-61. Zevi inicia su estudio con la arquitectura romana, la primera, según él, que desarrolla en espacio interior.

a cielo abierto no significa ninguna incapacidad técnica o conceptual; es la expresión consciente y elaborada del espacio arquitectónico, urbanístico y cósmico en Mesoamérica.

La importancia del espacio abierto como espacio arquitectónico se ha hecho presente con la arquitectura contemporánea, que ha roto las barreras entre espacio interior y exterior creando una continuidad nueva en la historia de la arquitectura;[51] esta continuidad espacial se puede observar en la arquitectura de Louis Kahn (1901-1974) y de Frank Lloyd Wright (1867-1959), este último, gran admirador de la arquitectura mesoamericana.[52]

Paralelamente, el desarrollo de la arquitectura de paisaje ha permitido reforzar los vínculos entre la arquitectura y el medio natural, haciendo del diseño de exteriores un reto cada vez más importante. El concepto geométrico y decorativo del jardín francés, eminentemente escenográfico, ha dado paso a una valoración cada vez mayor del paisaje natural como contrapunto de la arquitectura. El primer paso en este sentido fue el modelo del jardín inglés que enmarcó durante el siglo XIX la arquitectura neogótica, cuyo vínculo con el Romanticismo queda fuera de duda en el siguiente pasaje de John Ruskin:

There was yet in the old some life, some mysterious suggestion of what it had been, and of what it had lost; some sweetness in the gentle lines which rain and sun had wrought.[53]

La culminación de la importancia del paisaje en la arquitectura se alcanza cuando el medio natural deja de ser un marco del edificio y se convierte en condicionamiento básico del diseño, al aprovechar las vistas, topografía, vegetación y materiales propios de la región. Tales son los postulados de la arquitectura orgánica (Wright); sin embargo estos principios no son nuevos. Pensemos en la arquitectura románica, perfectamente integrada al paisaje europeo, o en los conventos novohispanos del Siglo XVI. Lo que sucede es que en estos casos la respuesta arquitectónica parece producirse de manera natural, acorde a su contexto y emplazamiento, sin que sea necesaria una declaración de principios al respecto.

En la arquitectura contemporánea de nuestro país ha destacado en este sentido la arquitectura de Luis Barragán (1902-1988) en perfecta concordancia con el paisaje y la luz del Altiplano. Ejemplos actuales de equilibrio entre arquitectura y paisaje se encuentran en la obra de la artista Helen Escobedo (1934-2010), transformadora de entornos, así como en la arquitectura de Mario

---

51 Sigfried Giedion, en su libro *Espacio, tiempo y arquitectura,* hace una revisión de la arquitectura histórica desde la óptica del espacio, para ubicar así el movimiento moderno dentro de una tradición de continuidad y ruptura.

52 Se cuenta que cuando Frank Lloyd Wright visitó Teotihuacan en los años 50 quiso quedarse mucho tiempo después que concluyó la visita turística puesto que de aquel conjunto recibía verdaderas lecciones de arquitectura.

53 John Ruskin, *The seven lamps of architecture,* Pag. 195. Traducción de la autora:
Hay en lo antiguo una especie de vida, alguna misteriosa sugestión de lo que ha sido, y de lo que se ha perdido; alguna dulzura en la líneas suaves que han sido borradas por el sol y la lluvia.

Schjetnan, quien se ha especializado en las texturas y la flora del desierto como marco idóneo para sus proyectos.

Los estudios del espacio arquitectónico a cielo abierto han recibido un impulso definitivo con la investigación de John Mac Andrew[54] y Juan B. Artigas[55] sobre las capillas abiertas, capillas posas y atrios del Siglo XVI. Conceptos como el de nave a cielo abierto, virtualmente delimitada por el cono visual, han arrojado nueva luz para el análisis del espacio prehispánico. Tales espacios del Siglo XVI nos ilustran sobre la realidad arquitectónica del espacio abierto, cuyos límites e interrelaciones son tan claros como los del espacio delimitado. Un atrio de esa época genera múltiples espacios: el camino procesional; los espacios que rodean a las cuatro esquinas y sus capillas posas; la nave a cielo abierto que se desarrolla en continuidad con la capilla abierta, la cual se resuelve en una enorme variedad tipológica, según lo pida el proyecto particular de cada monasterio.

La importancia del espacio abierto en los espacios religiosos ha tenido una continuidad hasta el presente. Pensemos en la basílica de Guadalupe, cuyo enorme atrio es tan importante para el desarrollo de la danza y los rituales propios del culto.

En cuanto al uso actual de los espacios abiertos existen numerosos estudios antropológicos que convendría al arquitecto conocer, para incluirlos en las necesidades de programa. Pienso en las iglesias que ha realizado el arquitecto Carlos González Lobo, donde el espacio abierto y el paisaje fueron determinantes para el interesante proyecto que realizó en la parroquia para la comunidad tarahumara.

---

54 El libro de John Mac Andrew *The Open Air Churches of Sixteenth Century Mexico* vio la luz en Brookyn en 1965. Ganó el Premio Alice Davis Hitchcock al mejor libro académico en su momento.

55 Juan B. Artigas, ha estudiado ampliamente la arquitectura a cielo abierto construida en Iberoamérica durante el Siglo XVI. Su obra más reciente: *México. Arquitectura del Siglo XVI*, reúne dicha investigación.

2. PERSPECTIVA METODOLÓGICA

Enfoque interdisciplinario

Más que un método, la hermenéutica propone una aproximación donde el investigador y el objeto de estudio se fusionan en un horizonte común, nuevo para los dos. El estudioso se deja influir por la otredad del testimonio cultural de otro tiempo, y el hecho cultural entonces enriquece su significado. Al abandonar las pretensiones de objetividad absoluta la investigación acepta su condicionamiento histórico; de esa manera la interpretación cobra un estatus vital y una vigencia como punto de partida para futuras interpretaciones.

Esta perspectiva hermenéutica se verá reafirmada por los estudios que la Gestalt ha realizado acerca de la percepción visual, destacando su vinculación con la geometría.

Lejos de considerar a la ciencia y el arte como disciplinas aisladas, propiciar el diálogo entre ellas amplía la comprensión del proceso creativo, presente en ambos campos. De estos enfoques interdisciplinarios se beneficia también la crítica. El vincular este enfoque hermenéutico con las aportaciones de la nueva ciencia atiende a un imperativo de nuestro tiempo, pues nos encontramos en el umbral de un cambio de paradigma.

La conjunción espacio-tiempo, vigente a partir de la teoría de la relatividad de Einstein, resulta trascendente para comprender el manejo espacial de nuestras antiguas culturas, cuyos calendarios eran los más exactos de su momento. El espacio arquitectónico debe dar cabida a la realización cíclica de los rituales, que constituyen la resurrección del tiempo mítico y fundacional más allá del tiempo cotidiano. Según consignan los cronistas las danzas duraban días y noches; la fiesta religiosa era la esencia, el núcleo de la cohesión social en Mesoamérica.

Los paradigmas de la nueva ciencia, que hablan de hologramas y espacio plegado y desplegado, son acordes a muchas de las intenciones de la arquitectura mesoamericana que tiende a fusionar el volumen en un plano, por efecto de la perspectiva.[56]

El principio de incertidumbre postulado por Werner K. Heissenberg (1901-1976) desemboca en la afirmación de que mientras más se busca determinar la posición de una partícula, menos se conoce su cantidad de movimiento lineal y, por tanto, se ignora su velocidad. De esto se concluye que la trayectoria de una partícula no está definida, al contrario de lo que postulaba la física newtoninana. Heisenberg postuló este principio de incertidumbre en 1927. Desde entonces hemos pasado de la exactitud a la aproximación y la estadística en las ciencias duras.

Es famoso el experimento del gato de Schrödinger, al cual se le encierra un cierto tiempo en una jaula con comida envenenada. Este experimento encarna la paradoja de que el gato dentro de la jaula esta 50% vivo y 50% muerto, lo cual es físicamente imposible. Esto significa que el resultado real del experimento sólo se actualiza en el momen-

---
56 David Bohm, *Wholeness and implied order.* Pp. 1-6

to de la observación. Las probabilidades están al 50% y sugieren una oscilación entre dos términos igualmente posibles. Dicha dualidad coincide con la esencia del pensamiento mesoamericano que tiene siempre en mente a los opuestos complementarios.

La relación entre la arquitectura y otras ciencias se ejemplifica con la arqueoastronomía, disciplina que relaciona el emplazamiento de ciudades y monumentos con la posición de los astros en el cielo, en especial los trayectos del sol, la luna y el planeta Venus.[57]

Hay indudablemente un uso rítmico del espacio; así lo indican las señales y estaciones que marcan pausas en la procesiones y peregrinaciones. Tales puntos constituyen los núcleos significantes del paisaje, que posteriormente podrán convertirse en altares o santuarios.

La pregunta a responder es hasta qué punto la arquitectura propicia al ritual y si éste tiene requerimientos espaciales explícitos. En otras palabras, cuál es la liga entre los requerimientos simbólicos del ceremonial y las características espaciales de los templos y sitios de culto religioso.

Criterio de análisis

Los conocimientos interdisciplinarios son un apoyo imprescindible en el análisis arquitectónico, mas no son suficientes como fórmula para renovar la lectura del espacio mesoamericano.

Es necesario un cambio de actitud que permita un enfoque auténtico, acorde con el objeto de estudio. Al enfrentarnos a la arquitectura de los grandes centros ceremoniales dejan de tener vigencia las categorías del espacio occidental tales como abierto vs. cerrado; público vs. privado; individual vs. colectivo, límite real vs. límite virtual.

Este cambio de enfoque implica un desprendimiento de todo lo aprendido, una suspensión del juicio, que los filósofos de la fenomenología llaman *epojé*, para dejar la mente abierta al asombro y a la indagación radical.[58]

Sólamente la vivencia del espacio imbuida de esta actitud sin prejuicios permite la apropiación de otro sentido, la emergencia de un nuevo paradigma ajeno a la experiencia cotidiana.

Así, en la arquitectura mesoamericana, la mirada genera el concepto y el caminar se convierte en auténtica revelación.

La interpretación utilitaria del espacio arquitectónico se volvió preponderante a partir de la revolución industrial y la consecuente arquitectura funcionalista que se generó bajo su auspicio. Esta lectura del espacio utilitario aplicada al espacio mesoamericano arroja escasos resultados.

El juicio basado en el desarrollo tecno-

---

[57] Johanna Broda ha estudiado ampliamente estas relaciones en lo que se denomina el paisaje ritual.

[58] El concepto de *epojé* o suspensión del juicio se encuentra en el libro de Edmund Husserl *Ideas Relativas a una Fenomenología Pura y una Filosofía Fenomenológica*, el cual fue traducido al castellano por José Gaos y publicado por el Fondo de Cultura Económica en 1945.

lógico, tomando como base las estructuras occidentales, tampoco funciona. Un arco maya no tiene por qué ser comparado con un arco romano; se trata de sociedades y necesidades distintas. No es superior la estructura capaz de cubrir grandes claros, porque esta valoración responde a un criterio de rendimiento propio de las sociedades occidentales.

Sería absurdo extrapolar los modernos criterios de financiamiento y rentabilidad económica a una arquitectura que responde a motivaciones tan distintas como la arquitectura mesoamericana.

3. ANÁLISIS FORMAL

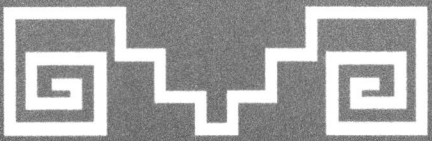

Vacío y volumen cerrado en la arquitectura mesoamericana

Diálogo de contrarios, la arquitectura mesoamericana rompe con las nociones limitadas que oponen categóricamente espacio abierto y cerrado; interior vs. exterior. En la arquitectura occidental la fachada es un límite claro entre interior y exterior; como expresión plástica la fachada se refiere al espacio interior que delimita: por lo tanto forma parte del edificio e irrumpe en el paisaje que permanece siempre exterior, aún en el caso de que la transparencia logre cierta continuidad como lo buscaron Louis Kahn, Alvar Aalto y otros arquitectos funcionalistas; la fachada funciona como una membrana que regula el intercambio vital entre dos universos.

En la arquitectura mesoamericana la fachada es la superficie que delimita los espacios abiertos, que son su razón de ser. El interior, en sentido occidental, resulta ser un espacio pequeño y oscuro, propicio para la meditación y la concentración iniciática, si es que alguna actividad albergaba. Lo característico de estos interiores es su negación del espacio y el contraste expansivo que establecen con el exterior extenso y luminoso de las plazas. Dan lugar a que lo oculto se vuelva manifiesto con sólo traspasar el umbral. Un movimiento de la voluntad resulta suficiente para revertir la polaridad de los signos.

Imaginemos desde su confinamiento a sacerdotes y guerreros ricamente ataviados

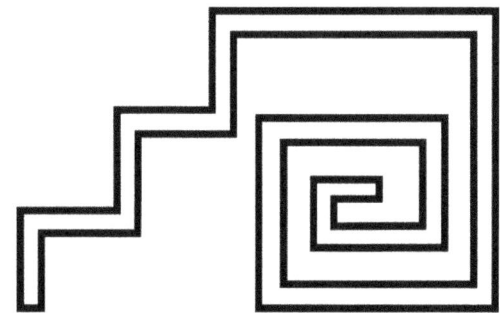

Figura 1 Greca. Dibujo de Alejandro Villanova

en espera de la señal que marca la eclosión del ritual. No es casualidad que se hable del carácter teatral del culto religioso americano; más que para funciones utilitarias la gran arquitectura se concibe como puesta en escena de lo sagrado.

Mas no confundamos este sentido ritual con el sentido escénico del teatro contemporáneo; es muy distinta la actualización del mito a una puesta en escena. Ni siquiera las tragedias griegas con su personificación de arquetipos y su catarsis tienen esta ambición de la arquitectura mesoamericana, que pretende ser el umbral de comunicación entre el mundo de los dioses y el mundo de los humanos.

Los diferentes cuerpos piramidales permiten discriminar la jerarquía de los distintos personajes, a manera de plataformas en la altura que escalan los distintos niveles del mundo superior, luminoso y etéreo: celeste.

Las escalinatas representan los pequeños esfuerzos cotidianos que al sumarse, paso a paso, redundan en un cambio de escaño espiritual.[59] En numerosos casos se observa que bajo los basamentos existen cuevas, como se ha visto en la Pirámide del Sol. Si analizamos el esquema general de la greca mesoamericana, observamos la misma intención. La greca se inicia con el zigzag que coincide con la escalinata; al llegar a lo alto, la línea se repliega en espiral hacia abajo. (Figura 1)

---

59 No hay denominación más reveladora que *Peldaños en la conciencia*, magnífico título debido a la Dra. Beatriz de la Fuente, en su libro sobre los rostros en Mesoamérica.

En el mundo mesoamericano la plaza resulta ser un interior *sui generis* delimitado por los herméticos basamentos piramidales. Sus límites virtuales los constituyen los paramentos inclinados de los basamentos que rodean al espacio abierto. Si pensamos en la forma de dicho espacio vacío, veremos que se trata de una pirámide truncada invertida; podríamos hablar de la oposición entre vacío y lleno que caracteriza a los recipientes. Recordemos que en el Tao te King se dice que la utilidad de una vasija depende del

Figura 2 Plaza de la Luna. Vista aérea. Dibujo de Paulina García Flores

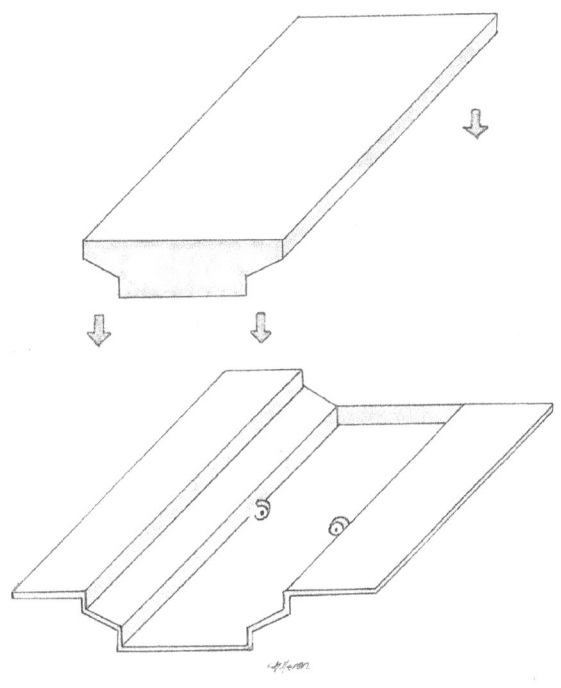

Figura 3 Juego de pelota. Forma continente y espacio contenido Espacio contenido. Dibujo de Alejandro Villanova

hueco que forma el material, y que este aparente vacío es lo más importante. (Figura 2)

Si analizamos sobre estas mismas bases los juegos de pelota, veremos que la cancha presenta dos paramentos inclinados que corresponden a los taludes de los basamentos, aunque con una planta rectangular más alargada. Lo importante, que es el juego, se desarrolla en ese espacio vacío a cielo abierto, cuya tipología corresponde a un basamento invertido. (Figura 3)

En occidente la noción de exterior implica un espacio periférico que no se integra totalmente a las actividades propias del edificio. El jardín es de ornato o se usa esporádicamente; el patio cumple funciones de distribución y circulación; el cubo de servicio cumple con los mínimos requerimientos de iluminación y ventilación.

En cambio en los conjuntos mesoamericanos el grueso de las actividades se llevan a cabo al aire libre, tanto en las plazas como en las plataformas que genera la superposición de los cuerpos piramidales.

El conjunto es acorde con el paisaje circundante y esto se percibe no como una realidad conceptual, sino como una vivencia espacial, donde montañas, llanuras, accidentes topográficos y vegetación están siempre presentes acompañando a la arquitectura y en diálogo con ella.

La indisoluble relación del espacio con el tiempo en Mesoamérica se manifiesta en el ordenamiento arquitectónico de acuerdo a los solsticios y equinoccios que corresponden a las distintas estaciones del año. Desde las enormes plazas a cielo abierto es posible contemplar el cielo, las nubes y las aves en el día, así como los astros y la luna por la noche. Los fenómenos naturales como el viento la lluvia, la aparición de un águila, la nube que cubre el sol, etc. eran interpretados como augurios y mensajes de los dioses que se manifestaban en los espacios sagrados dedicados a sus festividades religiosas.

En sentido opuesto: la cueva, la tumba y el patio hundido marcan claramente hasta dónde se puede penetrar en las entrañas de la tierra. Cierto que más arriba existe el cielo y más abajo la oscuridad hermética de lo desconocido, pero estos son espacios ajenos a lo humano. Ante ellos sólo cabe la fenomenología de la imaginación que propone Bachelard en los ensueños relativos a la tierra.[60] Allí nos habla del ensueño relacionado con la caída, la oscuridad y el abismo, en contraposición con el anhelo de ascensión, movimientos contrarios que conforman la dialéctica de la verticalidad, y que pueden aplicarse al mundo mesoamericano.

Entonces nos explicamos el por qué del escalonamiento piramidal. El plano horizontal que generan las sucesivas plataformas sugiere movimiento continuo, en la medida en que rodea al basamento. El plano vertical, en cambio tiene límites precisos; su desarrollo es discontinuo, tal como lo percibimos en los perfiles escalonados del basamento. El ascenso se da a través de pausas provisionales, que en las escalinatas alcanzan su mejor expresión.

Entre los cuerpos escalonados y las escalinatas nos encontramos ante el concepto de geometría fractal: patrones estructurales y formales que se repiten con variaciones a diferentes escalas.

60 Bachelard, *La tierra y los ensueños de la voluntad*, Pp. 443-445.

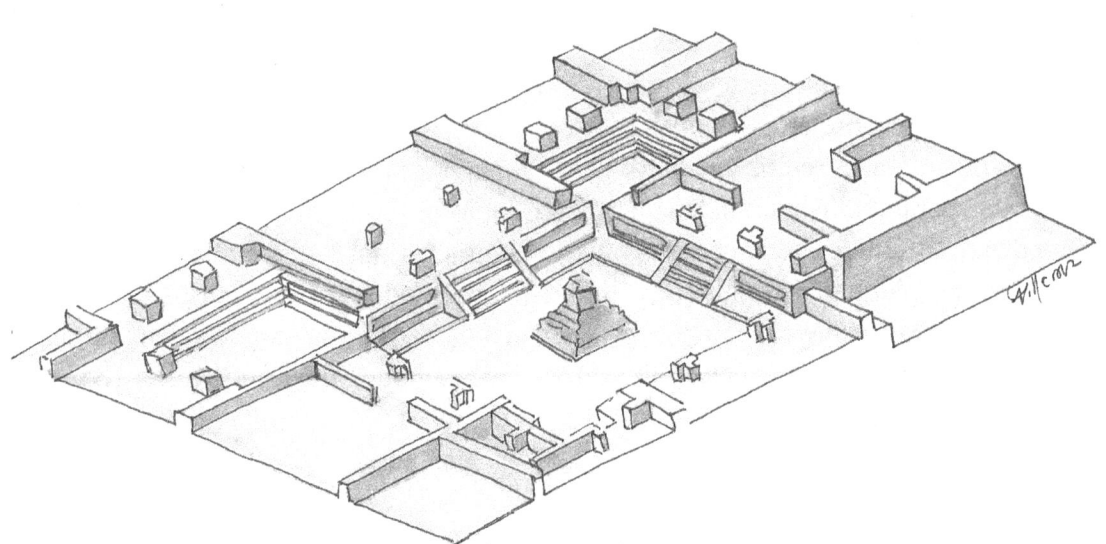

Figura 4 Palacio teotihuacano de Atetelco. Dibujo de Alejandro Villanova, según Paul Gendrop

Límites espaciales y enmarcamientos

La cuestión de límites arquitectónicos toma características propias cuando se trata de conjuntos a cielo abierto. En Mesoamérica el espacio abierto fluye; no se divide por medio de bardas, cercas, muros o puertas. Sin embargo pueden distinguirse perfectamente subconjuntos, acrópolis y plataformas con definición propia.

El principal recurso son los cambios de nivel; basta la elevación de una plataforma para definir un espacio y establecer una relación cercana entre los edificios que sobre ella se levantan.

La confrontación de un espacio abierto con al menos tres volúmenes construidos genera una percepción de plaza o recinto a cielo abierto. Esta definición espacial se refuerza cuando las escalinatas desembocan a dicho espacio, como sucede en la mayoría de los casos. Pensemos en los palacios teotihuacanos. (Figura 4)

Si el espacio abierto está circundado por cuatro volúmenes, como sucede en varias de las acrópolis mayas, la percepción de recinto a cielo abierto es aún mayor.

Las plataformas perimetrales tienen el efecto de crear privacidad en el patio que se crea al interior, como en caso de la Ciudadela en Teotihuacán o el Coatepantli en Tlatelolco y Tenochtitlán. (Figura 5)

Los basamentos delimitan parcialmente las plazas en la mayoría de los casos. Basta la presencia de esos grandes volúmenes frontales para darnos la sensación de un amplio recinto a cielo abierto. Desde las plazas mesoamericanas es posible contemplar en su totalidad los basamentos que las circundan. Esto es posible sólo si la distancia del observador respecto al objeto en cuestión es por lo menos una y media veces la dimensión mayor de dicho objeto.

Si estamos ante una larga crujía como el Cuadrángulo de la Monjas la plaza no es suficiente para contemplar el edificio principal en su largo total, pero podemos detallar cualquiera de los módulos que se repiten en la fachada, con lo cual tenemos una imagen íntegra del edificio. El uso de plataformas a diferentes alturas y patios circundados por volúmenes es el recurso básico para delimitar espacios en la arquitectura mesoamericana. En cualquier caso el arquitecto prescinde de muros y de puertas; tiene otros recursos para crear umbrales y transiciones espaciales. Incluso en los llamados patios hemos visto que no se interrumpe la fluidez del espacio.

Este sistema de espacios se articula exclusivamente a partir de las relaciones que establecen los distintos elementos entre sí y el conjunto con el paisaje circundante.

Podemos decir que el adentro y el afuera corresponden al plano de la extensión horizontal que sugiere la peregrinación y el movimiento del ser humano a lo largo y ancho de la tierra. Sus límites son cambiantes y flexibles, pero existen, se perciben a cada paso. Al caminar por la Calzada de los Muertos sabemos exactamente cuándo cruzamos el umbral virtual y entramos en el

Figura 5 Coatepantli en Tula. Dibujo de Alejandro Villanova, según Paul Gendrop

ámbito de una plaza, antes de que lo hayamos traspasado físicamente.

Por contraste, el desarrollo del espacio según el eje vertical corresponde a los puntos de reposo, aquellos señalados por hierofanías, donde se coloca un altar y que luego serán templos. Es el suceso excepcional, (hierofanía) aquel que rompe el ritmo cotidiano, el que determina esos centros energéticos que constituyen el ordenamiento de las pausas. Aquí el protagonista deja de ser el trayecto procesional a favor de la mirada que se fija. Un alto en el camino y el ojo humano barre la extensión horizontal para fijarse en los hitos verticales: un árbol, una peña, un volcán que, sujetos a un código de significación simbólica, son interpretados como manifestaciones de lo sagrado. El ave que se posa corresponde a esta mirada abarcadora que desde la altura elige la pausa necesaria. Es una metáfora viviente.

La extensión horizontal oscila entre un centro móvil y una periferia en expansión, su desarrollo es abierto. La verticalidad contempla límites más definidos: la cumbre de una montaña, la plataforma que corona al basamento, la crestería de un templo. Lo que expresa una plaza al final de un camino es la suma de miradas de cuántos se detienen a contemplar basamentos y templos. Llegan allí para contemplar, para ser testigos de algo, nada menos que de la actualización del mito a través del complejo ritual religioso.

Continuidad y ruptura. Tablero-talud.

El complejo tablero-talud es resultado de los troncos piramidales que al disminuir su sección forman los cuerpos del basamento. Durante el Preclásico y el inicio del Clásico los basamentos constaban solo de taludes escalonados como en el caso de Cuicuilco, Tlapacoya y el cuerpo principal de la Pirámide del Sol. Al contemplar de frente los basamentos resueltos a base de taludes no resulta del todo clara la división entre los sucesivos niveles, sobre todo con una iluminación uniforme. Al colocar encima del talud el plano vertical del tablero los cuerpos se definen perfectamente, subrayados por las líneas horizontales que corren a lo largo de los distintos cuerpos. Contribuyen a la claridad perceptiva, los quiebres en las esquinas, que se generan a partir del juego de tableros sobre taludes. Esta composición produce un ritmo geométrico que sólo interrumpen las escalinatas.

Nuestra experiencia al contemplar un basamento a la distancia es la de estar ante una pirámide escalonada. Muy diferente es nuestra percepción si ascendemos por dicho basamento; lo que destaca entonces es la sucesión de plataformas que se extienden en sentido horizontal y corresponden a cada uno de los cuerpos piramidales que se remeten conforme aumenta la altura. Al ascender por un basamento tenemos la impresión de ascender varias pirámides articuladas y en ocasiones percibimos los remetimientos como verdaderas plazas elevadas, sobre

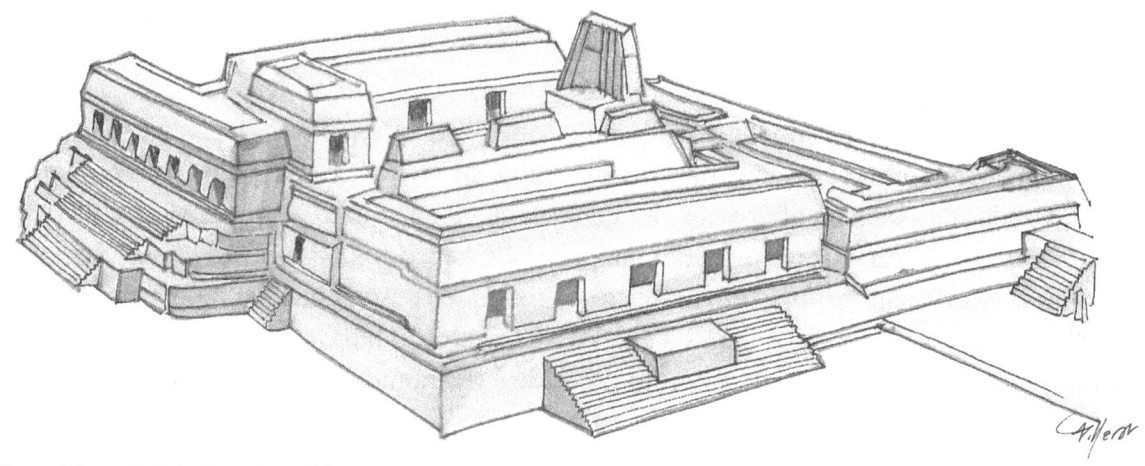

Figura 6 Grupo A-V de Uaxactún. Dibujo de Alejandro Villanova, según Tatiana Proskouriakoff

las que se asienta el resto de la pirámide. La integridad que percibimos en alzado se fragmenta como espacio vivido cuando ascendemos y penetramos a profundidad el desarrollo del volumen a través de los distintos cortes horizontales que producen los cuerpos que lo constituyen. (Figura 6)

El desarrollo diferencial del alzado respecto a la planta es notable en algunos complejos arquitectónicos como los que denominamos plataforma-patio-basamento, presentes en Monte Albán. Por el alzado no se adivina la existencia de un patio que precede al basamento, puesto que la plataforma frontal y su escalinata parecen formar parte del mismo. En tal sentido están manejadas las perspectivas y pendientes. Cuando subimos a la plataforma frontal nos damos cuenta de que el basamento está en segundo plano tras un patio hundido, de planta cuadrada; al descender a dicho patio desde la plataforma frontal nos llegamos a sentir aislados del gran conjunto. (Figura 7)

Algo similar sucede en la arquitectura maya cuyas acrópolis y plataformas configuran subconjuntos autónomos cuya articulación con el conjunto sólo se puede percibir en una vista aérea.

Llamamos pirámides a los basamentos cuando en realidad son troncos de pirámide (taludes) con prismas superpuestos (tableros) los que en secuencia decreciente forman los distintos niveles.

Durante el horizonte preclásico predomina el desarrollo del talud. La percepción frontal de una sucesión de taludes tiende a confundir la masa pétrea en un solo volumen. Las distintas caras aparecen como planos. La ruptura del volumen apenas se percibe en líneas horizontales.

Si la continuidad ascensional hubiese sido la voluntad expresiva de los pueblos mesoamericanos habrían continuado con ese modelo que ya conocían desde épocas tan remotas. Sin embargo no fue así.

Análisis Formal

Figura 7 Monte Albán. subconjunto de plataforma, patio y basamento. Dibujo de Alejandro Villanova, según Paul Gendrop

En Kaminaljuyú, Guatemala se ha visto claramente la búsqueda formal, ilustrada por la arquitectura de origen teotihuacano. Al talud inicial se le coloca al principio una especie de ceja o cornisa, cuyo tamaño va aumentando hasta constituir el talud de la época clásica hasta duplicar la altura del talud que disminuye su importancia. (Figura 8)

En los casos de la arquitectura clásica y posclásica en que predomina el talud, como por ejemplo en Tula, la diferencia de secciones se acentúa a fin de establecer el escalonamiento que, a mi juicio, es el signo formal privilegiado en la arquitectura mesoamericana. Su relación con la greca y sus distintas combinaciones es evidente.

La inevitable comparación de nuestras pirámides con las pirámides egipcias, que ha sido recurrente, ha hecho énfasis en la diferencias de funciones, obvia por cierto. La pirámide egipcia es el túmulo mortuorio de un faraón, en tanto que el basamento mesoamericano es la base para un templo donde se asienta una deidad y tienen lugar las ceremonias del culto. Sin embargo, se ha hablado poco del significado de sus diferencias formales. Bastaría la oposición entre continuidad y discontinuidad para eludir falsos paralelismos.

Lo único que comparten pirámides egipcias y mesoamericanas es su impulso de altura y su volumetría en relación con la astronomía y el paisaje.

¿Pero, qué significan la discontinuidad y el escalonamiento en términos de la vivencia religiosa?

Los cambios naturales se producen de ese modo. En una erupción volcánica hay una fase previa de acumulación de lava y gases que no se manifiesta hasta que llega a un punto crítico. Lo mismo sucede con los cambios en los seres vivos; todo pasa por una fase de meseta antes de manifestarse.

La nueva ciencia ha descubierto que el caos se produce cuando la materia llega a un punto crítico a partir del cual los cambios ya no son predecibles. En el basamento la regularidad del cambio alcanza su punto crítico, por así decirlo, en el nivel superior, donde desplanta el templo.

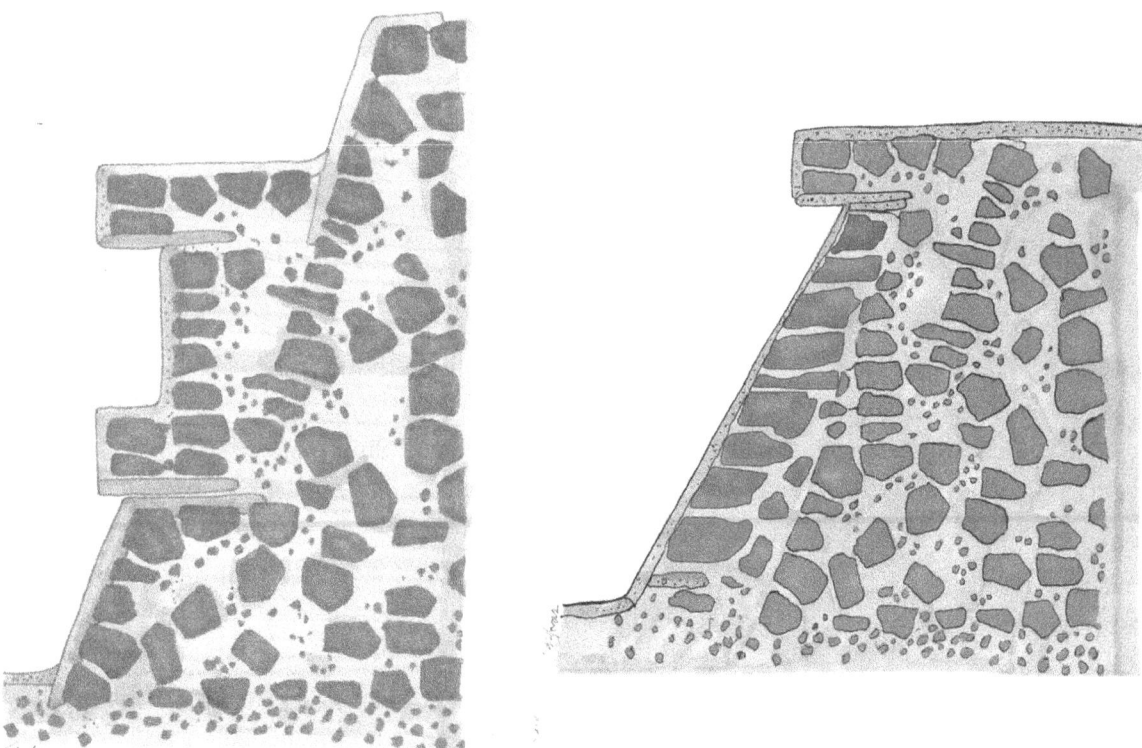

Figura 8 Talud y tablero en Teotihuacan y antecedente en Kaminaljuyú. Dibujo de Alejandro Villanova

Espacio cerrado y abierto. Límites reales y virtuales

El la arquitectura mesoamericana no existe simplemente un afuera y un adentro. Existe, por el contrario, toda una serie de variaciones que articulan el sistema.

La silueta de los basamentos, que por simplificación llamamos pirámides, es en realidad una sucesión vertical de troncos piramidales que producen un escalonamiento de cuerpos, articulados a su vez por los peldaños de las escalinatas. La continuidad ascendente está también modulada por la discontinuidad del tablero sobre talud, cuyo escalonamiento se relaciona con la jerarquía social o el grado espiritual de los oficiantes del rito.

Un patio es una forma abierta respecto a los recintos oscuros, cuya única apertura es un vano. Sin embargo, el mismo patio resulta ser una forma cerrada cuando se separa del gran conjunto por medio de cambios de nivel.

Un mismo elemento, entonces puede ser en forma alterna cerrado o abierto, según las relaciones que consideremos pertinentes para el análisis puntual.

Así, en la Plaza de la Pirámide de la Luna observamos dos plazas: la primera,

Figura 9 Edificio de cinco niveles en Edzna. Dibujo de Alejandro Villanova según Paul Gendrop

delimitada por basamentos laterales, y la segunda, delimitada por los dos basamentos que preceden a la pirámide y forman a su vez un subconjunto vestibular que se articula con el cuerpo adosado al frente de la estructura.

Para que se produzca este efecto de jerarquización espacial y progresivo acercamiento con la pirámide no han sido necesario los límites materiales, el recurso ha sido simplemente el manejo gestáltico de la percepción formal.

En el centro ceremonial de Edzná tenemos un edificio cuyos cuerpos piramidales alojan crujías que se abren hacia el exterior por puertas reducidas provocando un uso original del basamento y una secuencia rítmica entre espacio abierto y espacio cerrado. (Figura 9)

La arquitectura mesoamericana se puede definir como un diálogo entre generosos espacios abiertos y volúmenes herméticos monumentales. Este diálogo se amplía por resonancia hacia el paisaje que la contiene, y aún más lejos, hacia los puntos que marcan la incidencia del sol en los solsticios y en los equinoccios. Los conjuntos prehispánicos se emplazan con un máximo rigor como si emergieran de la tierra, son de hecho, mediadores entre las energías solares y terrestres a favor de lo que el ser humano necesita. Son el paisaje geometrizado que la humanidad aporta al cosmos y como tales han permanecido a lo largo de los siglos.

De acuerdo a su escala y enmarcamiento, el espacio a cielo abierto presenta toda una gama que va del espacio abierto público multitudinario hasta el patio privado de la casa habitación, pasando por las plazas de los subconjuntos y los patios ceremoniales de los palacios.

En la arquitectura prehispánica el verdadero espacio interior es la negación del espacio en el volumen hermético y sus escasas aperturas hacia el exterior a través de escasos vanos. A partir de ese interior lo demás son gradaciones del espacio a cielo abierto, recintos delimitados sin necesidad de elementos edificados, definidos por cambio de nivel o por límites virtuales derivados de la percepción.

Una plaza mesoamericana rodeada de volúmenes encierra un espacio vacío con la misma forma piramidal pero en sentido inverso. Es, por decirlo así, una pirámide de aire limitada por las caras de piedra de las pirámides circundantes. (Imágen de portada)

Al ser escalonada la pirámide mesoamericana rompe el hermetismo del sólido piramidal continuo. Los diferentes cuerpos parecen penetrar cada vez más hacia el núcleo donde corre la energía dirigida por el eje vertical. En numerosas ocasiones debajo de la pirámide se encuentra una cueva, para significar así el equilibrio entre el arriba y el abajo.

Esta simetría espejo se puede observar también en los diálogos visuales que se dan entre basamentos y cerros circundantes.

Trayectorias determinadas y abiertas

Los caminos procesionales del tipo de la Calzada de los Muertos y de las columnatas toltecas e itzáes marcan al usuario una trayectoria ritual definida. Lo mismo hacen las escalinatas. Tanto las procesiones como la ascensión ritual definen trayectorias lineales.

Las plazas constituyen espacios de participación comunitaria, ya sea activa, como actores del ritual, o pasiva, como espectadores. Aunque el espacio sea a cielo abierto y no compartimentado, el uso religioso debió definir, como se lee en las crónicas, la ubicación de cada individuo como protagonista del ritual, así como la ubicación jerárquica de cada grupo social.

Los patios interiores de palacios y casas habitación sirven para circular entre los distintos aposentos y no marcan trayectorias ni secuencias fijas, a no ser por los pórticos que definen los lugares de acceso.

Dentro de una trayectoria procesional definida pueden presentarse paradas o estaciones marcadas por cambios de nivel, tal es el caso de la Calzada de los Muertos y las cinco plazas que contiene entre la Ciudadela y la Pirámide del Sol.

4. FORMA E IMAGEN

Gestalt y percepción visual

El antecedente de este enfoque teórico se encuentra en la psicología de la percepción, la cual ha conducido sus investigaciones hacia las características de la percepción visual estructurada de manera unitaria. La teoría de la Gestalt descubrió que la función integradora del cerebro norma toda percepción de forma e imagen. Esta organización de formas en unidades completas y significantes es una constante de la mente humana. La percepción misma, previa a la descripción del objeto observado, es una configuración de imágenes: percibir es una primera forma de interpretar.[61]

Conviene tener presentes las aportaciones de la psicología de la Gestalt y la teoría de la percepción, en especial el trabajo de Rudolf Arnheim, que esclarece gran parte de los análisis formales que realizaremos en este trabajo. Para Arnheim, la percepción se da conforme a leyes estructurales que interpretan los estímulos visuales como imágenes desde su mera captación ocular. Por lo tanto, las relaciones geométricas fundamentales: simetría, paralelismo, perpendicularidad, así como las formas pregnantes: cuadrado, círculo, triángulo, son percibidas por todos porque corresponden a la estructura de organización fundamental del cerebro humano. La estructuración de las unidades perceptivas en imágenes depende de las leyes geométricas que son propias de la forma misma, considerada como una red de relaciones visuales de acuerdo con la teoría gestáltica.

Generalidades, historia, avances

La escuela de la Gestalt establece que la percepción humana es interiorización de totalidades y no sólo acumulación de estímulos traducidos en sensaciones.

Los antecedentes de esta escuela de pensamiento datan del siglo XIX, cuando el físico y filósofo austriaco Ernst Mach (1838-1916) postuló que al mismo tiempo que percibimos los estímulos, percibimos la forma espacial; y, del mismo modo, cuando percibimos los estímulos auditivos percibimos la forma temporal que los articula. Así es como podemos percibir la redondez de un círculo o la tonada de una melodía. Posteriormente, Christian von Ehrenfels (1859-1932) postuló que además de los datos sensoriales que se perciben en un objeto, se percibe la cualidad intrínseca de la organización de los datos perceptuales, a esa cualidad se le llamó desde entonces cualidad Gestalt.

Mas el verdadero fundador de la escuela gestáltica es Max Wertheimer (1880-1943), quien, invirtiendo el orden de los postulados anteriores, sostuvo que en primera instancia percibimos la totalidad como organización y posteriormente colocamos los elementos particulares dentro de dicha totalidad. Cite-

---
61 Octavio Paz nos dice:
...imaginemos lo imposible: una filosofía dueña de un lenguaje simbólico o matemático sin referencia a las palabras. El hombre y sus problemas -tema esencial de toda filosofía- no tendría cabida en ella. (El arco y la lira, Pag. 30).

mos al respecto la siguiente declaración de Wertheimer.

> *Aquello que me es dado como melodía no surge...como un proceso secundario que depende de una suma de piezas o elementos. Por el contrario, lo que se asume como parte depende de la percepción inicial del todo.*[62]

En otras palabras, primero escuchamos la melodía, y sólo entonces estamos en posibilidad de atender a cada una de las notas. En el campo visual pasa lo mismo: la percepción de la forma es inmediata; en caso de un círculo, percibimos primero la forma circular, y sólo entonces nos damos cuenta de que el círculo está formado por puntos, líneas o cualquier otro elemento.[63]

Una de las mejores pruebas de percepción gestáltica es el llamado Vaso de Rubin, en el que figura y fondo se perciben alternativamente como una copa blanca en el centro, o dos perfiles oscuros, colocados simétricamente, uno frente a otro. (Figura 10)

Los conceptos de estructura y organización son esenciales en la visión gestáltica, y su aplicación va más allá del terreno de la percepción, ya que se deriva hacia la psicología y hacia el sentido holístico de la existencia misma. La ciencia es también un

Figura 10 Vaso de Rubin. Variante. Dibujo de Alejandro Villanova

sistema que estructura y organiza de manera gestáltica los datos de observación y experimentación, los cuales de otro modo serían procesos desarticulados.

Gracias a la investigación gestáltica se ha podido diferenciar el mundo inorgánico del orgánico al comparar sus patrones de organización. En los seres vivos aparece la interacción de elementos de acuerdo a un cierto orden o patrón autopoiético, capaz de adaptarse a diferentes condiciones del medio; además, en los seres vivos se presenta una característica que no comparte la materia inorgánica: la noción de significado o valor, que encuentra su expresión más cabal en la vida humana. La proyección de la Gestalt es muy ambiciosa ya que pretende relacionar en una sola estructura los fenómenos inorgánicos, orgánicos, mentales e incluso existenciales.[64]

---

62 Enciclopedia Encarta, 1998. Gestalt.
63 La teoría de la Gestalt se inicia oficialmente en 1912 con un artículo de Wertheimer donde se describe el experimento φ, que consiste en una ilusión perceptiva que nos hace ver una línea de luz que se desplaza de un punto a otro, cuando en realidad se trata de dos luces fijas intermitentes. Cofundadores de la escuela Gestalt y colaboradores de Wertheimer fueron Wolfang Köler y Kurt Koffka.

64 La escuela gestáltica tuvo su apogeo hacia 1930 y ha sido re-

Gestalt y sincronicidad se relacionan en el sentido de esta unificación de campos. La sincronicidad se refiere, según Karl Gustav Jung, a los fenómenos que presentan una relación acausal. David Peat[65], entiende por sincronicidad, aquellos fenómenos que percibimos como la expresión de un orden universal, donde tienden a desaparecer las barreras que existen entre la mente, la energía y la materia, para dar paso a una experiencia unificadora de campos, plena de significado. Fenómenos como la adivinación, la premonición, los encuentros de las mismas personas conocidas en distintos medios sociales son ejemplos de esta sincronicidad. Un ejemplo muy antiguo de sicronicidad es el I Ching que refleja en sus exagramas la configuración de universos más vastos. La interpretación del exagrama orienta al individuo, porque abarca no sólo su personalidad, sino su inserción en universos más amplios y complejos.

Los templos y sitios sagrados mesoamericanos se pueden concebir como mandalas cósmicos, capaces de inducir el cambio energético para los pueblos y para los individuos porque ocupan puntos especiales del planeta donde la sincronicidad es un fenómeno recurrente.

La alineación de las montañas y puntos significativos de paisaje con los solsticios y equinoccios explica la ubicación de numerosos sitios prehispánicos y relaciona el emplazamiento de los centros ceremoniales con los puntos de inflexión del trayecto solar en conjunción con el paisaje.

Equivalencia, oposición. Semejanza y diferencia. Complejidad y simplicidad

Referencia indispensable es el famoso *Curso de lingüística general* que impartió Ferdinand de Saussure en 1916. Entre los postulados que de él se desprenden destaca la concepción del lenguaje como sistema de signos que se desarrollan a partir de dos ejes fundamentales: sintagmático y paradigmático. El eje sintagmático se refiere al orden gramatical del enunciado; el eje paradigmático se refiere a la selección léxica.

De la lingüística tomó el estructuralismo su concepción como sistema. Si trasladamos estos modelos de pensamiento al análisis de la forma es posible establecer dos polaridades radicales: equivalencia y oposición. Desde allí se generan todas las variables. El color blanco existe en función de su oposición con el color negro; lo luminoso existe en oposición a oscuro; muerte se opone a vida. Recordemos que esta dualidad de opuestos era la idea central de las religiones mesoamericanas.

La equivalencia, como otra importante categoría de significado, se expresa en lingüística por medio de sinónimos, tales como múltiple y plural; único e irrepetible, cierto y verdadero, etc. Son estos principios de oposición y equivalencia los que estructu-

---

tomada por Rudolf Arnheim, discípulo de Wertheimer, quien hace una crítica del rumbo que ha tomado la investigación gestáltica hoy en día.
65 David Peat, *Sincronicidad*. Pag. 45

ran el sistema de la lengua en el nivel básico.

Si trasladamos estos principios a la forma visual vemos que están presentes en categorías fundamentales tales como: abierto-cerrado; vertical y horizontal; recto y curvo, que ilustran el principio de oposición. Escalas similares, ritmos, modulaciones, gamas de colores fríos o calientes ilustran el principio de equivalencia.

El lenguaje de la forma plástica, a diferencia de la lingüística, no cuenta con una gramática ni con un diccionario. Lo más aproximado a esa gramática es la geometría, una ciencia de relaciones, donde regularidad e irregularidad; orden y desorden son las variables fundamentales. Fueron los griegos, quienes desarrollaron los principios de la geometría euclidiana con conceptos como punto, línea y superficie. Los ángulos semejantes, complementarios y suplementarios, que se forman al cruzar dos líneas paralelas con un recta inclinada, de alguna manera ilustran los principios de equivalencia y oposición.

Incluso problemas tan complejos como la circunferencia de la tierra fueron resueltos desde aquellos tiempos remotos utilizando leyes de proporción geométrica. El problema de cálculo del número pi, el número de veces que el diámetro cabe en la circunferencia, no ha sido resuelto matemáticamente hasta la fecha, pues tiene un número infinito de decimales. Sin embargo este problema se resuelve en geometría con la simple acción de trazar un círculo mediante el compás, conociendo el radio, que es, evidentemente, la mitad del diámetro.

La geometría es un medio para resolver gráficamente problemas de cálculo muy complejos, por ejemplo, para reproducir pequeños dibujos en grandes formatos nos basta la simple retícula que cambiamos de escala.

La lógica biunívoca que sostenía a la geometría euclidiana ha sido rebasada; el ejemplo más típico es la geometría fractal que nos permite conceptualizar superficies que tienden al infinito dentro de volúmenes cerrados y perfectamente definidos. Ejemplo de ello es el cubo que perforamos con otros cubos, los cuales a la vez perforamos, en una reiteración que puede prolongarse indefinidamente, produciendo una superficie interior que tiende al infinito, contenida en un volumen finito y acotado, porque el cubo inicial es el mismo[66]. (Figura 11)

En este principio se basan los cubos del escultor Sebastián, los cuales al extenderse ocupan la amplia superficie de una mesa y al replegarse se cierran en un compacto exaedro de 30 o 40 cm por lado.

Del mismo modo, la teoría de la enunciación en el lenguaje tiende a anular los límites del vocablo monolítico a favor de una fusión que se actualiza en las configuraciones específicas del enunciado. La potencialidad de significados se vuelve infinita. Ya Noam Chomski ha postulado en su gramática generativa la infinita combinatoria

---
[66] Éste es el cubo de Sierpinski; su análogo tridimensional es la esponja de Meger, la cual tiende a tener infinita superficie y cero volumen.

Figura 11 Cubo de Sierpinski

de un alfabeto finito, como base de todos los universos posibles, creados por medio de la palabra, tanto en el habla como en la literatura.

La discriminación de las diferencias es la clave del análisis y la clasificación. Inclusión y exclusión son los principios que permiten distinguir conjuntos y subconjuntos, articulando características comunes y distintas. Tales operaciones de lectura, eminentemente lógicas, suceden dentro de la percepción visual. Es por eso que Arnheim habla del "ojo que piensa". Hay una evidente conexión entre el ojo y el cerebro, porque la visión construye, y, en muchos casos, es capaz de crear y mirar más allá de lo previsto, ensanchando los horizontes de la percepción.

La mirada es activa y tiende a estructurar el caos. A partir de la complejidad extrae unidades mínimas de construcción, ritmos, ejes y trayectorias. El arte siempre ha presentado retos a la mirada creativa. Desde la pintura rupestre hasta las vanguardias, la plástica ha sido una continua lección para la mirada: razón y síntesis en el clasicismo; complejidad y desarrollo en el barroco.

La dialéctica entre lo simple y lo complejo encuentra expresión propia en la arquitectura mesoamericana. El trazo de plazas y monumentos tiende al clasicismo por el predominio de la línea recta y el cuadrángulo; sin embargo la articulación de plazas suele ser compleja, como sucede en las ciudades mayas. En el Altiplano se tiende a la composición unitaria del conjunto que se abarca en una sola mirada, siguiendo la solicitación del terreno plano. En la zona maya se tiende a la multiplicidad articulada de recintos, volúmenes y plazas emplazados en las llamadas acrópolis. Sin embargo, en todas las regiones de Mesoamérica se percibe un conjunto ordenado en trazos y equilibrado en relación a volúmenes herméticos y espacios abiertos. En esta arquitectura no se trata de envolventes que encierran el espacio interior y lo separan del afuera; aquello que aparece cerrado no limita a un espacio interior, está realmente cerrado, macizo, impenetrable. Se trata de una arquitectura expuesta.

Las aperturas de los templos hacia el exterior son meros umbrales que permiten el tránsito del sacerdote a través de diferentes mundos. El espacio abierto no es un afuera radicalmente separado del espacio cubierto. No se trata de un solo "afuera" sino de un manejo gradual de la exterioridad, la cual es siempre relativa a distintos conjuntos y subconjuntos. Un espacio exterior, pensemos en un patio, es interior respecto a una plaza y esta plaza es interior respecto al camino procesional. Sería muy difícil y quizás improcedente poner límites fijos entre interiores y exteriores en la arquitectura mesoamericana.

Leyes de percepción visual

Los estudios de la percepción visual han arrojado conclusiones que pueden considerarse como principios gestálticos de estructuración de la imagen, los cuales aplicaremos a la lectura de las obras que nos ocupan. Estos principios son:

Proximidad: Los elementos que se encuentran cerca uno de otro tienden a percibirse como secuencia.

Por ejemplo, en el siguiente conjunto elementos iguales agrupados en ambos sentidos se perciben como secuencia lineal en sentido horizontal:

```
0000000
0000000
0000000
0000000
```

Si cambiamos el sentido de la proximidad, se percibirán agrupamientos en secuencia vertical o de columna:

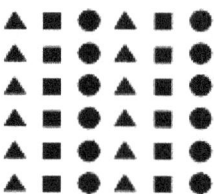

Agrupación: Una pluralidad de pequeños elementos tiende a percibirse como grupo al estar rodeado por elementos de mayor tamaño.

Veamos:

```
00000000000000000
0-------0
0-------0
0-------0
00000000000000000
```

Similaridad: Elementos similares se perciben como integrantes de un mismo conjunto.

Ejemplo:

Cerramiento de imagen: La percepción visual tiende a recuperar información perdida; así un triángulo cuyos lados se vean discontinuos, se seguirá viendo como un triángulo.

Continuidad de movimiento: La secuencia se establece de acuerdo a la continuidad direccional. Los cambios abruptos de direccionalidad tienden a evitarse.

Ejemplo:

Si aplicamos estos principios a la arquitectura mesoamericana tenemos que la proximidad de elementos, el agrupamiento por forma o por textura, la alternancia entre figura y fondo, la tendencia al cierre de la forma y la continuidad de movimiento sugerida por secuencias direccionales desempeñan un papel importante para agrupar elementos afines y contrastar con aquellos que no lo son, para así delimitar las imágenes gestálticas que integran el conjunto.

Construcción de la imagen como sistema de fuerzas visuales

Imagen es siempre totalidad, construcción que configura un campo de fuerzas. Si pensamos en un campo donde no exista tensión ni polaridad es imposible definir la imagen. Ejemplo de ello es el continuo destello de puntos en una pantalla de televisión cuando no existe señal. Es un estado altamente entrópico, carente de información, y, sin embargo, contiene el mismo número de puntos que forman cualquier imagen televisiva; la diferencia estriba en que la imagen polariza luz y sombra, creando la ilusión de

Figura 12 Cubo. Ley gestáltica de cierre y continuidad. Dibujo de Alejandro Villanova

volumen y movimiento. Sólo el diferencial de tensiones visuales es capaz de producir la percepción.

En otro orden de cosas, ningún animal doméstico reaccionará como si hubiera entrado alguien cuando encendemos el televisor. Para el animal no basta la simulación visual, necesita el olor y la certeza de compartir el mismo espacio con otro sujeto. La capacidad de reconocer a una persona en una fotografía es producto de una lectura exclusivamente humana, que responde a un condicionamiento de la percepción.

Tomemos el ejemplo de la Figura 12. Sólo la mente humana acostumbrada a la perspectiva representada en un plano puede percibir la continuidad virtual de las flechas blancas, que son en realidad los seis ángulos rectos de un cubo.

En la Figura 12 podemos percibir un exaedro o cubo, no obstante su fragmentación y la interferencia de los círculos. Es nuestro cerebro el que interpreta los datos como sucedáneos de la realidad.

Desde este punto de vista la arquitectura mesoamericana es contundente. Los volúmenes cerrados destacan claramente contra el fondo del cielo, focalizados por las plazas que los enmarcan.

En el caso de los Juegos de Pelota, presentes en todo el territorio mesoamericano, las formas construidas son sólo el continente del espacio vacío de la cancha, que es lo importante. La verdadera forma arquitectónica no es el edificio sino es el espacio a cielo abierto. Se trata del mismo juego de figura y fondo que observamos en el vaso De Rubin o en el dibujo de la mujer vieja y joven.

Figura 13 Teotihuacan, Piramide de la Luna. Fotografía de la autora

El juego entre dos y tres dimensiones es constante en la plástica mesoamericana; las plazas proporcionan a los basamentos la perspectiva adecuada para destacar su masividad. El alzado principal, salvo raras excepciones es paralelo a la plaza y presenta una imagen frontal ante el espectador.

Si en determinado punto de vista la imagen de los basamentos se superpone percibimos entones un basamento mayor que conserva las leyes geométricas de la pirámide truncada. (Figura 13)

Las plazas que rodean los basamentos no están cerradas en sus cuatro ángulos, sin embargo se perciben como recintos cuadrangulares, debido a la tendencia gestáltica que tiende a cerrar las figuras pregnantes como el rectángulo. (Figura 14)

Las portadas zoomorfas de la región Chenes y Río Bec en la zona maya sugieren la imagen del sacerdote que emerge de las fauces de un ser mítico con atributos de serpiente y jaguar. Esta imagen frontal, contenida en el plano de la fachada, indica sin embargo que el sacerdote proviene de las entrañas de la deidad, como demostración de su poder ante la comunidad. En esta imagen bidimensional están implícitas las fuerzas visuales en la profundidad de las fauces y el tiempo necesario para la purificación del sacerdote, quien finalmente emerge victorioso desde el umbral del misterio.

En los edificios de habitación, que necesariamente tienen espacios cubiertos, predomina la articulación de crujías en el área maya y los recintos cuadrangulares,

Figura 14 Plazas en Tajín. Fotografía de la autora

cubiertos de viguería, en el Altiplano. El primero sugiere el desarrollo espacial a lo largo de una fuerza lineal. El segundo sugiere la concentración de la fuerza central, contenida por los muros circundantes. Se trata de distintos modos de concebir unidad y secuencias espaciales, siguiendo líneas visuales de fuerza o concentraciones de la misma. En ambos casos el espacio interior es pequeño y está concebido más como un refugio que como un espacio plenamente habitable, puesto que la vida se desarrollaba al aire libre.

5. GESTALT Y FORMAS PREGNANTES

Unidad por orden de semejanzas

La equivalencia y la semejanza son las primeras cualidades que tomamos en cuenta para establecer una relación formal.

Esto es muy claro en la arquitectura que nos ocupa porque sus patrones geométricos son constantes sin llegar a ser repetitivos. Constituyen una unidad dentro de la variedad de su riqueza. La geometría mesoamericana estructura los conjuntos a base de cuadrados, rectángulos y círculos a diferentes escalas.

Unidad por límites espaciales, emplazamiento, topografía

En todos los casos la arquitectura mesoamericana rige su emplazamiento con base en las referencias del paisaje: ríos, lagos, cuevas, montañas, entendidos como lugares que la naturaleza ha significado como hitos del paisaje sin la intervención del ser humano.

Las proyecciones astronómicas influyen directamente en la morfología del conjunto que se concibe en función de las trayectorias solares y lunares durante las estaciones. Los eventos fundamentales son los equinoccios y los solsticios y toda la arquitectura se programa para recibir y despedir al sol en el sitio, en el día y la hora indicada. En los edificios proyectados como observatorios se calcula incluso la inclinación de los rayos solares y su incidencia en determinados puntos.

El culto al planeta Venus fue importante en las culturas que adoraron a Quetzalcóatl, tales como Xochicalco, Tula y Chichen Itzá. Es sabido que los antiguos conocían la duración del año venusino y lo relacionaban con los meses y con el año solar en precisos calendarios.

Una vez elegido el sitio, la planeación se veía condicionada por la topografía del mismo. En numerosas ocasiones interviene la voluntad humana para lograr terrazas y planicies artificiales como sucede en la zona maya; mas siempre se toman en cuenta las características del sitio como punto de partida que articula los diferentes subconjuntos que componen el emplazamiento.

Unidad por ejes visuales

Volúmenes y plazas determinan ejes visuales que contemplan básicamente la linealidad de los trayectos procesionales: el eje en una dirección genera la primera dimensión que marca el rumbo del desplazamiento colectivo lineal. La bidimensionalidad está determinada por el plano horizontal cuyos ejes perpendiculares se desarrollan en dos direcciones, largo y ancho, generadores de la superficie o campo donde nos movemos sin una trayectoria definida. La altura, como el tercero de los ejes determina la tridimensionalidad del volumen.

La penetración en profundidad, por medio del caminar humano, constituye el despliegue del espacio, o sea la cuarta dimensión del tiempo que se revela a quien transita por el espacio religioso. La profundidad subterránea se refiere al tiempo del inframundo, un tiempo oculto que el ser humano recorrerá después de la muerte.

Así podemos hablar de tres ejes espaciales y uno temporal. Los cuatro están presentes en la vivencia de la arquitectura y el urbanismo mesoamericano, y al habitarlos se revelan en su interrelación indisoluble.

Unidad por ritmo

En la arquitectura mesoamericana no hay forma sin estructura, ni estructura sin ritmo. El ritmo en arquitectura implica desarrollo espacio temporal. Al contemplar una escalinata o un pórtico de columnas tenemos noción del tiempo que se invierte en recorrerlo, aunque físicamente no lo hagamos.

El ritmo está basado en la modulación, la cual no es otra cosa que número sujeto a ley. Por lo tanto, entre ritmo y proporción existe una relación directa. Se trata de intervalos modulares en el espacio y en el tiempo. El patrón que los rige es perceptible porque el cerebro lo intuye de manera gestáltica. (Figura 15)

Unidad por materiales, textura y color

Este tipo de unidad ha sido el más atendido en el análisis plástico de la arquitectura. La unidad perceptiva que se consigue con la recurrencia de estas características de apariencia llega a constituir la nota distintiva que nos permite diferenciar estilos y regiones en el arte mesoamericano. Por ejemplo, la ornamentación que se concentra en el exterior de las bóvedas mayas, for-

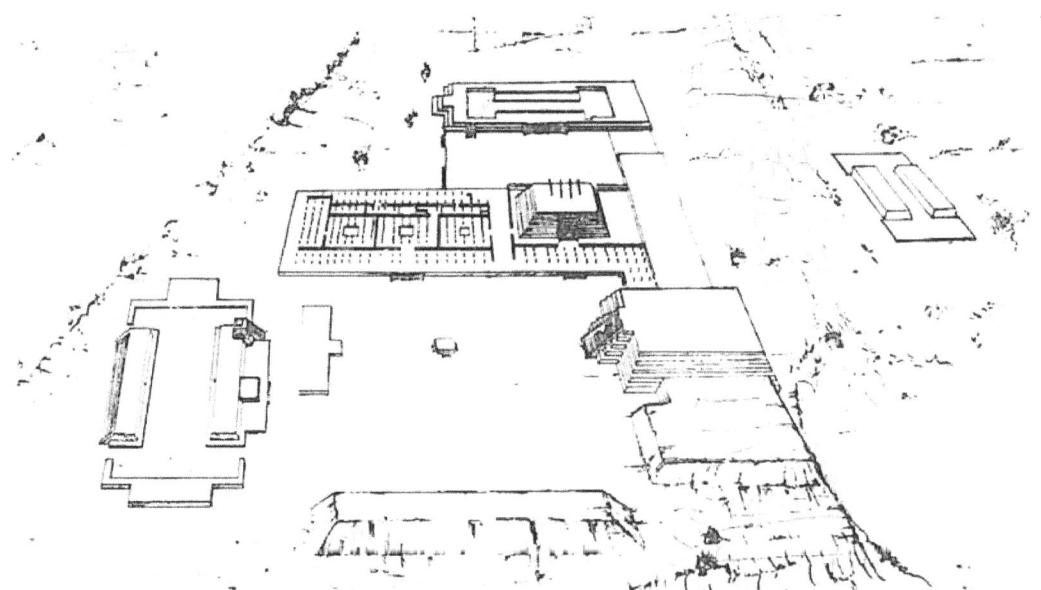

Figura 15 Tula. Plaza principal. Dibujo de la autora

mando una especie de friso ricamente tallado, es la expresión que identifica al estilo maya Puuc, a diferencia del estilo Río Bec y Chenes, en los cuales la ornamentación se concentra en las portadas de los templos.

Esta clasificación estilística se basa en la analogía y puede llevarnos a conclusiones superficiales, porque el uso de los mismos materiales, colores y texturas puede dar la misma imagen aparente en el contexto de arquitecturas radicalmente distintas.

El material que caracteriza a la arquitectura mesoamericana es sin duda la piedra, pero la expresión que toma este material en las distintas escalas de los basamentos y en las proporciones de tablero y talud es diferente en las distintas regiones.

Una mirada superficial hacia la profusa ornamentación de la arquitectura maya podría conducirnos a considerarla como un efecto de textura, sin embargo, es la carga simbólica su verdadera razón de ser. Más que como una cualidad plástica, dicha ornamentación funciona como un lenguaje visual.

6. FORMA, ESPACIO Y SIGNIFICADO

Para el análisis del espacio arquitectónico mesoamericano las categorías básicas serán abierto-cerrado; arriba–abajo; exterior–interior. Se tomarán en cuenta escala y proporción para definir el concepto de monumentalidad. Se analizará el concepto de límites reales y virtuales tanto en espacio interior como en exteriores.

Composición geométrica

Desde los tiempos más remotos el ser humano ha admirado la belleza y el orden intrínseco de las formas geométricas: el triángulo, el cuadrado, el pentágono, el círculo; y entre los sólidos, el tetraedro, el cubo, el prisma, la pirámide, el cilindro, la esfera, han gozado de la preferencia de teóricos y artistas. La razón para ello estriba en su equilibrio y en su claridad para ser percibidos, ya que su forma está sujeta a leyes que se pueden expresar matemáticamente por medio de fórmulas. Así, el círculo, por ejemplo, se define como el lugar geométrico de los puntos que se conservan equidistantes a un punto fijo, llamado centro.

Uno de los pensadores que más ha profundizado en la esencia de lo geométrico es el poeta Paul Valéry, quien en su obra *Eupalinos o el arquitecto*, nos dice: *Llamo geométricas a las figuras que son huellas de esos movimientos que podemos expresar con pocas palabras.*[68]

Para este autor la geometría es:

...la forma imbuida por el logos, cuando ya no queda del pensamiento más que sus actos puros.....extrae al fin de sus tinieblas el juego completo de sus operaciones. Y he aquí que el lenguaje es constructor afirma el poeta y entre las palabras, los números son las palabras más sencillas.[69]

Según su pensamiento hay una diferencia radical entre el camino que sigue la naturaleza para producir sus creaciones, y la forma en que el ser humano produce las suyas. En la naturaleza, sustancia, forma y función están ligados de manera indisoluble. Todo crece en el sentido del mejor aprovechamiento de los recursos para obtener el óptimo resultado de vitalidad y adaptación; pensemos en la forma en que crecen las ramas de los árboles, siempre en busca de la luz.

La naturaleza crea conjuntos complejos combinando elementos más sencillos; así, las células más simples se agrupan para formar un órgano de mayor complejidad; y los órganos, al coordinar sus funciones, generan un organismo, el cual es un sistema más complejo que la suma de los órganos. El nivel de complejidad del conjunto es mayor o igual al de los elementos constitutivos, pero nunca es menor. La configuración fractal en la naturaleza, descubierta por Benoit Mandelbrot (1924-2010) ha confirmado este principio.[70]

---

[68] Paul Valery, *Eupalinos*, Pag.37.

[69] *Ibid*. Pag. 34.

[70] El concepto de fractal se refiere a la repetición de patrones formales a diferentes escalas. El matemático Cantor fue el precursor de este descubrimiento por medio del fractal geométrico que

En cambio las construcciones humanas, avocadas a cumplir una función, dejan de lado las características de la sustancia que las constituye: por ejemplo, una mesa, en su forma, no toma en cuenta la disposición microscópica de las fibras de la madera, porque esto no es necesario para que la mesa desempeñe su función en forma satisfactoria.

Como consecuencia la construcción del mundo humano, incluyendo al arte, se presenta como una forma de violentar las leyes de la naturaleza, a cambio de inventar un nuevo orden. Y ya que la acción humana desordena el orden natural, la geometría revierte este proceso, proporcionando al ser humano el instrumento de un orden emanado del pensamiento mismo.

Para Paul Valéry (1881-1945), creación humana es igual a construcción, y construcción implica simplificación y ordenación de lo diverso y lo confuso. Él piensa que la naturaleza produce sus criaturas orientándose hacia la diversidad y la complejidad; y que la creación humana, por el contrario, sintetiza y simplifica: ordena según las leyes de su pensamiento, que los racionalistas identifican con las leyes de la razón. Siguiendo este criterio, sólo el arte clásico tendría validez, porque se ciñe a cánones de síntesis racional.[71]

Se han tomado las ideas de Valéry como punto de partida para explicar las relaciones que existen entre geometría y creación artística, puesto que, para él, esta relación es indisoluble. Sin embargo, habría que hacer ciertas precisiones.

El considerar a la geometría como instrumento de orden y armonía, no implica que toda obra artística se sirva conscientemente de este instrumento, ni que toda geometría tienda a la síntesis y a la simplificación, en el sentido en que Valéry lo postula.

Estilos como el barroco y el rococó luchan continuamente por romper los moldes simples de la geometría euclidiana e integran a su expresión las nociones de progresión infinita y cálculo infinitesimal. Las formas que se producen son complejas y difíciles de contener en una fórmula. Estos estilos avanzan por caminos intrincados de expresión, tan diversos y tan válidos como los criterios clásicos en el arte.

Habría que hacer una distinción entre las distintas geometrías. La más elemental es la geometría euclidiana basada en la línea recta, las superficies planas y los volúmenes regulares, pero existen otras geometrías más complejas, donde las formas fluyen, sin fijarse en modelos privilegiados; estas otras geometrías niegan la recta y el plano, por estar basadas en las nociones del cálculo in-

---

lleva su nombre, y que consiste en dividir un segmento de recta en tercios, quitando sucesivamente en cada nueva división el tercio central. La configuración permanece constante.

71 Los poemas de Valéry se distinguen por su acendrado rigor técnico y conceptual, y son como verdaderas gemas, talladas sin escatimar esfuerzo, hasta encontrar la imagen que se expresa en su forma más pura. El número desempeña, desde luego, un papel primordial en este proceso; recordemos que el poeta, en la intro-

ducción a su *Cementerio Marino*, nos habla de un ritmo primordial, sujeto a métrica y rima, el cual genera, tanto la tipología del verso, como la de la estrofa y, en fin, la totalidad del poema. Esta exigencia formal absoluta hizo que el poema fuera corregido innumerables ocasiones, de manera obsesiva por su autor, en busca de la inalcanzable perfección.

finitesimal y los conceptos de límite e integral. Las nuevas concepciones geométricas han sido confirmadas por la actual teoría del caos, y corresponden más al pensamiento barroco que al pensamiento clásico, dada la fluencia continua de sus formas.[72]

Cuando Valéry pone en labios del arquitecto Eupalinos la motivación que lo llevó a proyectar su maravilloso templo nos enteramos de que, para el creador, dicho templo es *la imagen matemática de una hija de Corinto...reproduce fielmente sus proporciones particulares*. Con esta cita nos damos cuenta de que es posible trasladar un ideal de belleza, humana en el caso de Eupalinos, a otro sistema de formas, arquitectónicas en este caso.

Esto significa que hablar de geometría en un sentido profundo, como una creación de formas que materializan proporciones y sentimientos, es ir más allá de la descripción y es penetrar en la esencia del lenguaje formal. La geometría es la gramática de la forma.

Escala y concepto de monumentalidad

La escala, consigna el diccionario, es una serie ordenada, según el grado de intensidad, de cierta cualidad o aspecto común a todos los elementos. En arte la escala se refiere a la manera como percibimos las características dimensionales de una obra. Si no se especifica otro módulo como base para hablar de escala se da por sabido que el módulo es antropométrico, esto significa que la escala toma como base las dimensiones del ser humano.

Junto con la referencia de escala humana, José Villagrán (1901-1982), arquitecto y teórico de la arquitectura, consideraba la escala artística como una proporción de tipo psicológico que relaciona a la obra plástica con su entorno; si esta relación es armónica, se dice que la obra está a escala, si la relación no es armónica, se dice que esta fuera de escala.[73]

El entorno puede ser natural, urbano o arquitectónico según el caso.

Como ejemplo de una estrecha relación de escala con el medio natural tenemos los conjuntos ceremoniales prehispánicos. En relación de escala con el contexto urbano se encuentran la arquitectura y la escultura urbana. La decoración, la escultura y la pintura de interiores están en relación de escala con el contexto arquitectónico. Estos contextos son la referencia respecto a la cual se valora la escala de un objeto.

Por ejemplo, el conjunto de Teotihuacan está a escala con el paisaje porque sus volúmenes y plazas armonizan en cuanto

---

[72] A raíz de la nueva Física se han generado las geometrías no lineales, donde no existen la recta ni el plano, porque el modelo del universo es curvo, y la noción de espacio se encuentra integrada inseparablemente al tiempo, en un continuo que abarca, ya no tres, sino cuatro dimensiones.

[73] Villagrán en su obra *Teoría de la arquitectura,* pone el siguiente ejemplo:

La Pirámide del Sol en Teotihuacan, está perfectamente a escala con el medio que la rodea; más si nos la imaginamos contenida en el espacio de la Plaza de la Constitución, el efecto sería aplastante, y estaría, definitivamente, fuera de escala. (Pag. 359)

a forma y dimensiones con las montañas y planicies que rodean al centro ceremonial.

Una maqueta de Teotihuacan que no incluyera el paisaje daría una idea muy pobre del conjunto. Si hablamos de escala humana en este magno espacio veremos que el ser humano, como individuo y como grupo, se pierde en la grandiosidad de calzadas y plazas; aun las multitudes se ven minimizadas en tan vastas dimensiones de espacios abiertos y basamentos monumentales.

Es común en arquitectura referirnos a la escala humana; este concepto hace referencia a la relación dimensional que hay entre la medida física del ser humano y su hábitat; así, un edificio puede estar bien proporcionado en cuanto se refiere a las relaciones de sus elementos, pero esto no implica que esté a escala humana. El ejemplo típico en este sentido es la comparación de escala entre un templo egipcio y un templo griego; del primero se dice que tiene una escala monumental, y del segundo se dice que está a escala humana; la diferencia es muy clara, porque al incluir al ser humano en esos espacios nos damos cuenta de que la dimensión humana armoniza con el templo griego, al ser significativa y contar dentro del conjunto; (Figura 16) en cambio la escala humana se pierde en el templo egipcio, pues aparece insignificante ante las grandes alturas y se asfixia entre los bosques de co-

Figura 16 Partenón. Dibujo Alejandro Villanova

Figura 17 Templo de Luxor. Dibujo de Alejandro Villanova

lumnas en las salas hipóstilas. (Figura 17)

Hay edificios construidos a la "maniera grande", como la llamaron los artistas italianos del siglo XVI,[74] éstos manejan alturas gigantescas en sus fachadas, cuya apariencia no siempre corresponde a la disposición interior de los edificios. Se da el caso de que a dos entrepisos interiores corresponde la altura de una columna en fachada, con lo

---

74 Por ejemplo, en la Basílica de San Pedro, los visitantes tienen que subirse a una plataforma para poder asomarse por las enormes balaustradas, las cuales, sin embargo, están proporcionadas con el resto del edificio, todo él dentro de este orden gigantesco.

que el edificio aparenta tener un entrepiso, cuando en realidad tiene dos o más niveles, que sólo se reconocen al interior del mismo; en cuanto a los pretiles, si están proporcionados a la fachada resultan enormes para la estatura humana; alguien que quiera asomarse por ellos, tendrá que subir varios escalones para poder hacerlo y ser visto. Villagrán apunta:

> *Un recurso obligado - para dar escala- es aprovechar las dimensiones invariables de ciertos elementos ligados estrechamente con las dimensiones humanas, como los escalones, las balaustradas, las rejas, etc.*[75]

Sin embargo, veremos que el concepto de monumentalidad resulta algo más complejo que la simple diferencia de tamaños, Villagrán se introduce en el tema:

> *Con las dimensiones descomunales de la Basílica de San Pedro, en Roma, por ejemplo, se produce un efecto de dimensiones corrientes a un templo grande, y con las dimensiones menores de nuestra Catedral, se obtiene un efecto de cosa grande...el efecto al ver el interior de la basílica sampetrina, no impone según su dimensión pudiera haberlo logrado, en virtud de que la escala arquitectónica está manejada sin tomar en cuenta el efecto dimensional...*[76] (Figura 18)

Entonces, la monumentalidad no depende del tamaño, sino del impacto dimensional que se consigue a partir de ciertas relaciones de magnitud y manejo de perspectivas. Ciertos contrastes, ciertos ritmos calculados para ser percibidos por el ser humano, como referencia obligada transforman el sentido de la escala. Una catedral gótica resulta grandiosa, independientemente de sus dimensiones, por la tensión vertical de su estructura que se eleva hasta alcanzar el límite de su resistencia; esta esbeltez se acentúa aún más a través de las nervaduras que ascienden desde las columnas, creando ritmos vertiginosos que nos hacen sentir la desmesura de su elevación. Las perspectivas en sentido vertical y en profundidad están proyectadas para impactar al ser humano que accede al interior, aprovechando el punto de vista y los efectos visuales de aceleración que se producen hacia los puntos de fuga en altura y profundidad.

Otro de los estilos de gran escala es el bizantino. Ya Bruno Zevi[77] (1918-2000) lo advierte cuando habla del carácter expansivo de las cúpulas, que al apoyarse en sólo cuatro puntos parecen expandirse y elevarse en el espacio; la concatenación de varias cúpulas refuerza este efecto expansivo, fundamental para conseguir el efecto de gran espacio interior. El efecto dimensional no depende, en estos casos, de las magnitudes, sino de la dinámica del manejo espacial.

La palabra "monumental" se ha empleado tradicionalmente en relación con las grandes dimensiones; sin embargo, el significado de monumento en relación con la

---

75 Villagrán, *Op. Cit.*, Pag. 388-393.
76 *Loc. Cit.*
77 Zevi, *Op. Cit.* Pag. 6

Forma, espacio y significado

Figua 18 Basílica de San Pedro. Dibujo de Alejandro Villanova

memoria colectiva nos lleva a buscar otra denominación que aluda exclusivamente a la escala. Entonces hablaremos de impacto dimensional al referirnos a grandes escalas.

Habría que investigar más a fondo el problema de la monumentalidad, pues además de las relaciones dimensionales entre distintos elementos, existe una cualidad intrínseca de la forma que la hace monumental; pensemos en las figuras olmecas, que aun siendo pequeñas tienen ese carácter monumental; pensemos en las pirámides, que por más que se miniaturicen, siguen pareciendo monumentales. Con base en la Gestalt y los efectos de la perspectiva, deducimos que los factores clave para la impresión de monumentalidad son:

Simplicidad del volumen unitario

Esta característica se presenta en los sólidos geométricos de fácil aprehensión; estas formas, al carecer de fragmentación y divisiones, hacen que se pierda la referencia de escala; las pirámides egipcias en miniatura son un ejemplo de ello, ya que podemos suponerlas de cualquier magnitud, sin que pierdan su magnificencia intrínseca.

Plenitud de las formas cúbica y esférica

Estas formas: la esfera y el cubo son capaces de alojar el mayor volumen contenido en la menor superficie circundante, estos sólidos geométricos representan la mayor plenitud que puede alcanzar la forma tridimensional, y producen una impresión expansiva en el espectador, el cual queda impactado por un sentimiento de grandeza del volumen o del espacio en cuestión. Recordemos, en arquitectura, las cúpulas romanas que representan el centralismo del imperio, y las bizantinas, que materializan la expansión del cristianismo. En escultura, el ejemplo más contundente lo proporcionan las cabezas olmecas de San Lorenzo y La Venta, cuyo volumen pétreo, casi esférico, acentúa la impresión monumental de su escala. (Figura 19)

En la plástica actual, este efecto de plenitud es desarrollado al máximo por artistas de fama mundial, como es el caso de Fernando Botero.

Tensión ascensional

Este fenómeno visual acentúa el efecto dinámico del punto de fuga sobre el eje vertical, produciendo una impresión que proyecta la vista hacia el infinito. Tomemos como ejemplo de esto las famosas torres de Satélite, de Mathias Goeritz. Estas torres tienen forma de prismas triangulares muy esbeltos, que al ser contemplados desde el punto de vista del peatón o del automovilis-

Figura 19 Cabeza olmeca. Dibujo de Alejandro Villanova

ta, dan la impresión de flechas que se disparan hacia el cielo. La altura que sugiere su trayectoria sobrepasa en mucho su dimensión real.

Efectos similares se observan en los rascacielos: prismas muy esbeltos, que al ser contemplados, desde calles y plazas, estrechas en relación con las grandes alturas, provocan este mismo efecto de dinámica ascensional. Recordemos lo dicho acerca del Gótico y sus contrastes dimensionales que se debaten entre la tensión vertical, y la solicitación visual en profundidad. Este mismo fenómeno, pero en un contexto urbano, se da también en las calles de Nueva

York, cuya perspectiva de profundidad resalta el ritmo de las grandes alturas de los edificios.

Deformaciones perspectivas integradas a la forma plástica

Como sabemos, las deformaciones perspectivas se deben a las dimensiones del objeto observado y a la colocación del observador respecto a dicho objeto. Si un volumen es muy alto, será importante la deformación debida al tercer punto de fuga, que corresponde a las verticales paralelas que tienden a fugarse hacia dicho punto. Si dicho objeto, por ejemplo, un edificio prismático, es observado desde el suelo, las líneas verticales tenderán a juntarse hacia arriba y la azotea parecerá más pequeña que la base; si observamos el edificio desde la azotea, las verticales tenderán a juntarse hacia abajo, y la base parecerá más pequeña que la azotea.

Si estas deformaciones perspectivas se plasman en un volumen escultórico, este parecerá gigantesco, independientemente de sus dimensiones reales. Pensemos en la mayoría de las esculturas olmecas de pequeñas dimensiones; si las vemos fotografiadas en un libro, sin referencia a la escala humana, pensamos que son esculturas monumentales; el motivo es que integran a su forma estas deformaciones perspectivas.

En algunos casos, la cabeza se adelgaza en su parte superior, como si las esculturas fueran muy grandes y las contempláramos desde muy abajo; en otros casos sucede lo contrario: la cabeza aparece muy grande y el cuerpo se adelgaza hacia abajo, como si contempláramos la escultura desde un avión, o desde lo alto de un cerro; para que se presente este efecto perspectivo, la escultura debe ser gigantesca. Estos efectos han sido magistralmente aprovechados por artistas como José Luis Cuevas, quien consigue un efecto excepcional de monumentalidad en su escultura La Giganta. (Figura 20)

Figura 20 La Giganta. Escultura de José Luis Cuevas. Dibujo de Alejandro Villanova

Figura 21 Quetzalcoatl. Dibujo de Alejandro Villanova

Tensión dinámica

Entendemos por tensión dinámica esa lucha entre fuerzas de sentido contrario que se percibe en importantes esculturas del mundo mexica, como Quetzalcóatl o Coyolxauhqui. Al primero lo representan en su advocación de guerrero serpiente, donde el rostro del hombre emerge de las fauces de una serpiente, el cuerpo de ambos se confunde y lucha en forma convulsiva dando a la escultura todo el *pathos* de una lucha a muerte; finalmente el guerrero logra imponerse a la fuerza descomunal de la serpiente para emerger como vencedor del caos. (Figura 21)

En el disco de Coyolxauhqui, la tensión crece entre el movimiento espiral centrífugo de la diosa desmembrada y el círculo que la confina en los límites del disco de piedra. Este equilibrio de fuerzas permite el movimiento y a vez lo limita al congregar múltiples elementos para formar unidades funcionales y significativas. Esta tensión es la que determina el giro que observamos en Coyolxauhqui.

La lucha entre las fuerzas centrípeta y centrífuga encarna este equilibrio que tiende a resolverse a favor de un movimiento ascensional en el caso de Coatlicue y Quetzalcóatl, o de un giro a en el caso de Coyolxauhqui. (Figura 22)

Para la arquitectura esta tensión se expresa en el binomio pirámide sobre cueva, estableciendo un equilibrio por contraste entre lleno y vacío; pesantez, ligereza; oscuridad y luz. La dualidad misma, como núcleo del pensamiento religioso náhuatl, encarna esta tensión capaz de generar la vida y el movimiento. Si analizamos bajo este enfoque la pirámide escalonada, entenderemos mejor la intención expresiva de esta superposición de troncos piramidales, donde rige el contraste entre horizontales y verticales, que se resuelve en equilibrio armónico.

Forma, espacio y significado

Figura 22 Coyolxauhqui con trazo en espiral. Dibujo de la autora

Proporción y trazos reguladores

Los trazos reguladores constituyen redes virtuales de composición, acordes con determinados sistemas de armonía y proporción, que permiten modular las obras plásticas. Su concepto ha sido muy polémico hasta la fecha, pues algunos críticos consideran que son una limitación y una red impuesta que frena la libertad de los artistas; lo que sucede es que el artista llega a la síntesis de la forma como un hallazgo de la expresión, y los trazos reguladores simplemente afinan esa armonía, que está implícita en el orden que el artista concibe intuitivamente.[78]

El conocimiento de los trazos reguladores como recursos compositivos ha llevado a los creadores a recurrir conscientemente a ellos en determinados períodos artísticos. En los paradigmas de la arquitectura y la escultura griega: el Partenón y el Canon de Policleto están basados en la proporción áurea. En el Renacimiento, maestros como Leonardo da Vinci, solían partir del triángulo equilátero para estructurar un cuadro tan perfecto como La Virgen de las Rocas, porque no sólo la sección áurea se ha empleado como trazo regulador, sino también las figuras básicas de la geometría euclidiana: el triángulo, el cuadrado, los poliedros regulares y el círculo.

Cuando no se parte de figuras geométricas para la composición, una vez que se conocen los cánones, estos sólo sirven para hacer ajustes y pequeñas correcciones. No se puede partir de trazos reguladores para lograr una composición plástica, ya que sólo son moldes, cuya pertinencia y efecto dependerá siempre del talento del artista. Los trazos reguladores no garantizan calidad estética, y, en la mayoría de los casos, sólo pueden observarse a posteriori. Es el crítico quien descubre su presencia, incluso en obras cuyos autores nunca manifestaron su adhesión a dichos trazos. Esto se explica por una tendencia intuitiva de la percepción para ajustarse a dichos cánones.[79]

---

78 Leemos en Arnheim, *Arte y percepción visual*:
El buen arte moderno está lejos de ser un juego formalista. Algunos artistas modernos reducen el objeto a su esencia desnuda. Otros toman de ella un motivo elemental para completarlo y agudizarlo. (Pag. 108)

79 Si se muestra a un niño una serie de rectángulos de distintas proporciones, elegirá como el más bello aquel que más se aproxime al rectángulo de oro.

Sección áurea y gnómones

Entre los trazos reguladores, ocupa un lugar privilegiado la llamada proporción áurea, basada en la constante del número de oro, $\varphi = 1.618$[80], resultante de dividir un segmento de tal manera que se equilibren su media y su extrema razón; el punto en el que esta condición se cumple se llama punto φ, y divide el segmento en dos secciones desiguales, de tal manera que la razón de la medida mayor entre la medida menor da 1.618; y si dividimos la medida del segmento total entre la medida del segmento mayor, el resultado será también 1.618, el número de oro.[81]

Al hablar de la armonía, Platón decía que ésta reside en que la relación que existe entre el todo y las partes, sea la misma que la relación de las partes entre sí. Esta condición se cumple, en cuanto a dimensiones, en la proporción áurea, con el número de oro. La recurrencia de esta proporción se ha observado, como hemos dicho, en numerosos casos de la naturaleza, según lo demuestra Matila C. Ghyka en su libro *Estética de las proporciones en la naturaleza y en las artes*.

El concepto de gnomon proviene del mundo griego; servía para medir la sombra a diferentes horas del día. Dicha sombra crecía y decrecía en forma proporcional al tiempo transcurrido. Por extensión, gnomon en la actualidad se refiere a un crecimiento armónico, donde una figura es capaz de generar figuras semejantes a sí misma en diferentes escalas. Así el pentágono es la figura gnomónica por excelencia, ya que si unimos con rectas los vértices contrarios obtenemos la estrella de cinco puntas y dentro de ella aparece un pentágono más pequeño y así sucesivamente obtendremos un número infinito de pentágonos inscritos en estrellas de cinco puntas.

Composición modular y fractal

En la noción de módulo está implícita la proporción, esa igualdad de razones es la base de aquello que los antiguos llamaban simetría y que nosotros entendemos como armonía. Módulo es la unidad de superficie o de volumen que por medio de múltiplos y submúltiplos otorga orden y unidad al espacio. La modulación en arquitectura produce unidad y ritmo.

En casos especiales de figuras geométricas sujetas a la divina proporción, como el rectángulo de oro y el pentágono, es posible generar una sucesión de módulos por autosimilaridad. El rectángulo de oro contiene un cuadrado y otro rectángulo de oro; el pentágono contiene otro pentágono y éste otro a su vez, en una secuencia potencialmente infinita.

El desarrollo geométrico a partir de gnómones se puede considerar actualmente

---

[80] Arnheim, *Hacia una psicología del arte*, Pp. 104-107..
El número de oro es un número irracional como pi, cuya serie de decimales es infinita; su problema fundamental en el uso práctico, es que no permite la modulación. Le Corbusier trató de resolver este problema con *El Modulor*.
[81] Santos Balmori, *Áurea Mesura*. Pp. 25-31.

dentro de la geometría de fractales, la cual estudia los patrones formales que rigen formas aparentemente caóticas de configuración y crecimiento.[82]

El concepto de fractal se refiere a una forma geométrica compleja y detallada cuya estructura permanece como un patrón constante de organización. Con frecuencia los fractales son similares a sí mismos, tienen la propiedad de que cada pequeña porción del fractal puede ser vista como una replica del todo en menor escala.[83]

Teóricamente el resultado de los fractales con forma de meandros que configuran las costas, por ejemplo, será una figura de área finita, pero con un perímetro de infinita longitud, a causa del creciente número de vértices que se generan al aumentar el acercamiento y el detalle del contorno. Se pueden construir muchas de estas figuras que se repiten a sí mismas, y en su primera aparición durante el siglo XIX se les consideró meramente una curiosidad.[84]

Un parteaguas en el estudio de los fractales fue el descubrimiento de la geometría fractal, por el matemático polaco francés Benoit B. Mandelbrot en los años setenta. Mandelbrot adoptó una definición mucho más abstracta para la dimensión de la de-

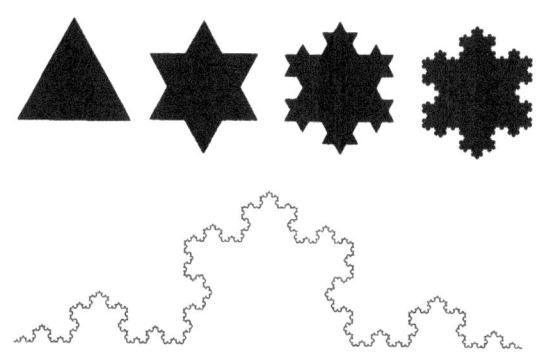

Figura 23 Curva Snowflake

rivada a partir de la geometría euclidiana; él propone que la dimensión de un fractal debe usarse como un exponente para medir su tamaño. El resultado es que un fractal no puede considerarse como existente en una o más dimensiones de números enteros, en cambio, debe ser considerado matemáticamente como si tuviera una dimensión fraccionaria. Por ejemplo la curva fractal llamada Snowflake tiene una dimensión de 1.2618. (Figura 23) La geometría fractal no es sólo un desarrollo abstracto. Si el perfil de una costa fuera medido con exactitud hasta su última irregularidad tendería a una longitud infinita, tal como sucede con la curva Snowflake. Mandelbrot sugiere que las montañas, las nubes, los agregados galácticos y otros fenómenos naturales presentan una configuración fractal.[85]

---

82 Lawuerier, *Fractals*, Pp. 54-77.
83 Un ejemplo de fractal es la llamada curva Snowflake construida al tomar un triángulo equilátero y añadir repetidamente triángulos equiláteros más pequeños en el tercio medio de los lados que se vuelven progresivamente menores.
84 La propiedad auto generativa de la forma ha cristalizado en la noción de fractal, término acuñado por Benoit Mandelbrot para expresar la unidad fundamental de configuración universal a través de patrones que se repiten a diferentes escalas.

85 Información tomada de la enciclopedia Encarta en CD Room. *Los fractales se usan actualmente para comprimir y desplegar imágenes codificadas en forma fractal en las computadoras. En 1987 el matemático inglés Michael F. Barnsley descubrió un transformador fractal que detecta automáticamente los códigos fractales en el mundo real de las imágenes (fotografía digitalizada) El descubrimiento de la manipulación computarizada de imágenes fractales se aplica en forma extensa a multimedia y computación.*

Si aplicamos el concepto de los fractales a las artes plásticas nos explicaremos de manera más rigurosa las constantes formales y de composición que otorgan unidad a las obras. Tales patrones son evidentes desde el arte más antiguo, demostrándose así que la configuración fractal es no sólo pertinente para el análisis de la naturaleza, sino del arte y el pensamiento creativo.

Ejemplo de ello es la superposición que se observa en la arquitectura mesoamericana que repite en diferentes escalas los patrones iniciales.

Regularidad – irregularidad

La total regularidad de la forma es infrecuente en la naturaleza. La encontramos en la estructura molecular de los elementos estables, en los cristales, que son configuraciones inorgánicas, y en los panales que construyen las abejas en perfectas redes hexagonales.

Es más frecuente encontrar formas regulares en la estructura fundamental del mundo inorgánico, sin embargo encontramos en dichas estructuras leves irregularidades que le dan flexibilidad, interés y variedad paralela a las configuraciones del mundo orgánico. Como ejemplos tenemos la espuma, que se acumula en poliedros irregulares, cubiertos sin excepción por cúpulas semiesféricas. Las telarañas son otro ejemplo pertinente, puesto que su tejido se genera en una estructura radial ligada por paralelas que unen los distintos radios y le dan cohesión. El número de radios y de paralelas no es constante y se adapta a las necesidades del caso. Se pueden encontrar telarañas aisladas o complejos sistemas donde las capas se superponen.

Para hablar de la función de la irregularidad en la percepción estética, en uno de sus ilustrativos ejemplos, Matila C. Ghyka muestra un rostro armónico, previamente analizado según la sección áurea; nuestra percepción coincide en que es un rostro bello. A continuación se nos muestran dos variantes del mismo rostro; esta vez conformado por la repetición de la mitad izquierda, en el primer caso, y en el segundo, por la repetición de la mitad derecha. En ambos casos de manera absolutamente simétrica. Estas dos variantes con simetría absoluta resultan menos bellas que el rostro natural con sus ligeras asimetrías, que son la clave de su belleza. Recuerdo que en la Plaza de los Arcángeles, ubicada en San Ángel existe un medallón de piedra con la siguiente inscripción:

Vale más la gracia de la imperfección que la perfección sin gracia

Haciendo válido este principio vemos que existe una pequeña irregularidad en el trazo de varios conjuntos mesoamericanos. El Palacio de Palenque, por ejemplo, presenta una serie de plazas cuadrangulares cuyos ángulos no siempre son rectos. Esta característica se descubre al realizar el levantamiento del edificio, porque el espacio vivencial nos convence de que estamos en plazas rectangulares o cuadradas en su caso.

En Teotihuacan, que sería el epítome de la regularidad geométrica, tenemos sin embargo una ligera desviación del cuerpo adosado en la Pirámide del Sol, el cual no es paralelo al cuerpo principal del basamento. Se habla de compensaciones angulares de origen astronómico, sin embargo, cualquiera que sea la causa, es innegable que nos encontramos ante otro caso de pequeña irregularidad dentro de un conjunto eminentemente regular.

Parece ser que este diálogo entre regularidad e irregularidad otorga mayor interés a las configuraciones espaciales. Lo importante es esa percepción de geometría regular, no exenta de cierta tensión asimétrica que le confiere la vibración de lo emocional.

Relación centro periferia

Los conjuntos ceremoniales mesoamericanos se planean en la intersección de ejes equinocciales y solsticiales en conjunción con las elevaciones significativas del paisaje, destacando así la importancia de la montaña sagrada en relación al firmamento solar.

Los sitios urbanos en Mesoamérica se convierten en verdaderos centros que relacionan de manera armónica al ser humano con su entorno. Fuera del espacio humanamente transformado se desarrolla el espacio natural, concebido como la periferia o el exterior, sujeto a sus propias leyes. Hablar de centro y periferia, en realidad es hablar de límites; entendemos periferia como lo exterior, espacio indiferenciado que ya no es parte de lo humano que nos interesa.

Paradójicamente, en la concepción mesoamericana el espacio más lejano (volcanes y cadenas montañosas) no puede considerarse periférico; el paisaje es en realidad el marco de referencia necesario a los centros ceremoniales y los rituales que ellos albergan. Arquitectura, trazo urbano y paisaje forman una triada indisoluble y no se conciben uno sin el otro.

Para las culturas ancestrales los dioses hablan tomando como medio a la naturaleza que recibe y transmite al ser humano señales de lo sagrado. Los relatos míticos se encuentran sembrados de hierofanías. Recordemos que los mexicas sembraron altares o momoztli a lo largo de su peregrinación, cuando encontraban algún signo en la naturaleza que les diera un mensaje de las deidades, por ejemplo, un árbol con el tronco bifurcado, manifestación de la dualidad cósmica. Sismos, rayos, incendios, inundaciones, se consideran augurios que son interpretados por sacerdotes y chamanes en relación al destino de la comunidad.

Como límite último del espacio están los astros. El sol, la luna y Venus son los principales protagonistas, cuyas trayectorias son el anillo más lejano que contiene nuestro mundo.

¿Cuál sería entonces la periferia?

La periferia es en realidad todo espacio que no constituye un lugar, es decir, todo es-

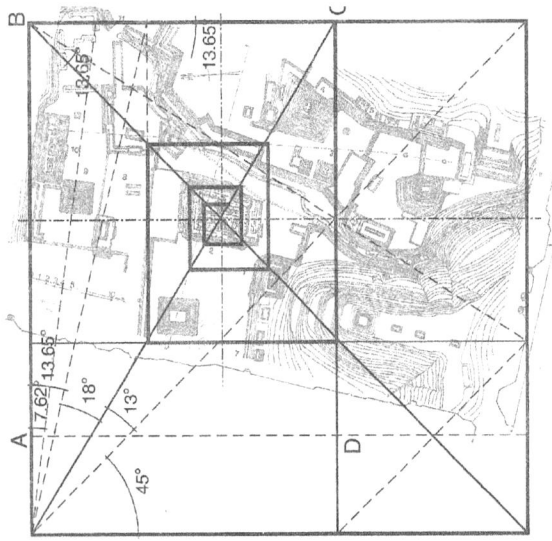

Figura 24 Palenque con trazo basado en el giro del cuadrado, según Margarita Martínez del Sobral

pacio que no es significativo. La periferia es aquello que rodea al centro antes de llegar a la referencia límite que son las montañas, los ríos, los lagos y finalmente los astros. La periferia es un espacio transicional, una especie de distancia o interregno que rodea al espacio humano.

El centro y la periferia están en relación con las fuerzas centrípeta y centrífuga que producen un equilibrio pleno de tensión en la estructura formal de las obras plásticas. Esto se percibe claramente, por ejemplo, en la famosa Coyolxauhqui cuyo torso ocupa el centro de la composición, y cuyos miembros, separados del cuerpo, parecen girar alrededor del torso, en un movimiento espiral que apunta hacia una continua expansión; sin embargo, al estar contenida en un círculo, esta forma cerrada confina el movimiento, produciendo el equilibrio entre fuerza centrípeta y centrífuga que representan respectivamente el centro y la periferia.

El hecho de confinar el movimiento espiral en un límite cerrado produce una especie de pulsación, sístole y diástole que genera el movimiento continuo de la energía.

Del mismo modo numerosas ciudades mesoamericanas presentan un modelo espiral de configuración y crecimiento, tal como lo ha estudiado Margarita Martínez del Sobral en su libro Geometría Mesoamericana. (Figura 24)

Ejes y abatimientos.

La dualidad era el principio rector del pensamiento mesoamericano. Toda realidad tenía su contrario, es decir su sombra, su espejo. Llevada la dualidad al terreno de la arquitectura se genera la simetría, la cual no es necesariamente repetitiva; lo que se busca es una equivalencia de volúmenes y de espacios, para que la dualidad se cumpla a nivel de la percepción.

Si observamos las plazas en relación con los volúmenes percibimos su equivalencia; aunque la plaza es mucho más dilatada que la planta de los basamentos, estos compensan la diferencia con su pesantez visual de volúmenes cerrados.

En la arquitectura mesoamericana hay un continuo diálogo entre vacío y lleno, luz y sombra, peso y liviandad. Los antiguos arquitectos conocieron el concepto de balance cientos de años antes que nosotros.

En numerosos casos encontramos cuevas bajo los basamentos, las cuales debieron contener agua en tiempos prehispánicos. Se equilibraban así los contrarios: oquedad y volumen; tierra y agua; mundo de los vivos y mundo de los muertos.

Del mismo modo que se entrelazan las grecas como figura y fondo, así la arquitectura pareciera agregar su imagen especular, su sombra contraria o su desdoblamiento en un espejo de dualidades.

Este equilibrio se manifiesta en las fachadas mayas como la de Uxmal, en la región Puuc, donde nos admira la armonía que logran entre macizos y vanos, paramentos lisos y frisos ornamentados. Tal geometría y sobriedad corresponden a los cánones estéticos de la arquitectura moderna. De ahí su aprecio en el siglo XX. (Figura 25)

Figura 25 Uxmal. Arco en el Cuadrángulo de las Monjas. Dibujo de Alejandro Villanova, según Paul Gendrop

7. ANÁLISIS ESPACIAL

Espacio conceptual

Cuando vemos la planta, la fachada o el corte de un edificio estamos ante planos que no representan la integridad del espacio. Si a partir de esos planos abstraemos su geometría estamos ante la imagen conceptual de la arquitectura. Los esquemas compositivos que marcan zonificación, núcleos rectores y áreas complementarias, lo que llamamos partido, es una aproximación al concepto que rige la solución final. Las redes geométricas que modulan el espacio en función de la estructura portante entran también en la categoría conceptual y constituyen una instancia básica de diseño.

Como antecedente son famosos los análisis que Leonardo Da Vinci realizó en el sentido de composición de modelos arquitectónicos donde predominaba la planta central.[86]

El historiador Paul T. Frankl (1878-1962) propone que existen dos concepciones básicas del espacio, el espacio aditivo y el espacio fragmentado. Según este criterio, el autor diferencia la arquitectura renacentista, básicamente aditiva, de la arquitectura barroca, básicamente fragmentada.

Esto ilustra que es posible una historia de la arquitectura a partir del análisis conceptual, cuyo material de estudio son los planos arquitectónicos. De hecho, tanto la historia como la teoría de la arquitectura contemplan este aspecto en su desarrollo, porque el aspecto conceptual de la arquitectura alude a su orden intrínseco.

Las redes espaciales para modular la arquitectura fueron una constante hasta el funcionalismo, salvo raras excepciones de arquitectos como Antonio Gaudí, que defendía la irregularidad empírica, basada en la infinita variación de la naturaleza, sujeta a patrones estructurales más que a modelos rígidos de configuración. A partir de la ruptura con la modernidad los cánones ordenadores han perdido importancia. El deconstructivismo y la arquitectura de máxima flexibilidad, que podríamos llamar rizomática, han transformado el orden espacial aboliendo los límites rígidos (muros, pisos, techos) y dando paso a una fluencia de espacios y significados sin precedentes.

Sin duda estamos ante el advenimiento de una nueva conceptualización del espacio, donde no importa la definición de los elementos que lo configuran, porque los límites han dado paso a una nueva continuidad.

Aquí de nuevo destaca la proyección visionaria de la arquitectura mesoamericana, capaz de definir espacios con límites virtuales en una continuidad que no requiere elementos materiales para lograr orden, jerarquía y articulación espacial.

Pero veamos una posible conceptualización del espacio arquitectónico mesoamericano.

Lo primero que salta a la vista es la cualidad arquitectónica de los espacios abiertos

---

[86] Frankl en su libro *Principios fundamentales de la historia de la arquitectura* los consigna como principios de arquitectura por adición de espacios.

en contrapunto con los volúmenes cerrados. El espacio abierto no sólo enmarca los edificios, es su necesaria contraparte en una relación biunívoca.

La composición se resuelve por medio de cuadrángulos proporcionales, mas ningún plano puede dar idea de la verdadera intención, puesto que las variantes en altura, correspondientes a las variantes en planta son fundamentales. Solamente una maqueta que incluyera a escala los accidentes del paisaje circundante podría dar una idea del partido conceptual generador de estos conjuntos.

Espacio vivencial

El verdadero sentido de la arquitectura es la calidad de la experiencia humana que sus espacios propician.

Esta calidad funcional y significativa tiene que ver más con la vivencia arquitectónica que con la abstracción planimétrica. Esta vivencia de lo arquitectónico, funcional y significante, no es otra cosa que la habitabilidad, entendida como el verdadero parámetro de lo arquitectónico.

El recorrido humano a través del espacio, los ritmos temporales que se generan, las percepciones plásticas de luz, color y textura son responsables del significado de dicha vivencia arquitectónica en el orden estético.

Sabemos de la importancia del universo simbólico en la arquitectura mesoamericana. Sus códigos y claves son paulatinamente desentrañados por los especialistas.

Los arquitectos que nos interesamos en el análisis de las formas pensamos que el lenguaje formal participa del significado total de la obra, es más, creemos que las formas espaciales expresan las estructuras fundamentales de pensamiento de una cultura.

La proporción, condición geométrica de la armonía, la percibimos aunque no tomemos medidas de los elementos arquitectónicos, porque nuestro organismo vibra en consonancia con el espacio sujeto a un orden. En el caso especial de la llamada divina proporción la concordancia alcanza su expresión cumbre.

La arquitectura mesoamericana es un espacio diseñado para ser vivido a través de una alternancia entre secuencias horizontales e hitos verticales. La articulación horizontal entre espacios se da a través del recorrido humano que procede a manera de peregrinación por caminos y plazas. La solicitación vertical está marcada por los núcleos constructivos que constituyen los basamentos; la percepción de verticalidad se da en función de la mirada, que bien se eleva al cielo o desciende a niveles inferiores según la distinta altura de las plataformas que integran el conjunto. La horizontalidad genera el recorrido; la verticalidad indica las pausas de reposo y contemplación, necesarias en las estaciones propias de toda peregrinación. En la secuencia espacial subyace una especie de narrativa entre distintos ritmos de recorrido y las pausas que le son inherentes.

En la arquitectura mesoamericana se trata de la puesta en escena del cosmos.

El plano de la superficie terrestre donde nos movemos (tlaltícpac para los mexicas) se genera en sus cuatro direcciones cardinales conforme recorremos ejes y plazas cuadrangulares.

El eje vertical que conduce al cielo y al interior de la tierra está marcado por los basamentos y las cuevas que generalmente existen bajo el volumen pétreo. La dualidad entre vacío y lleno que encontramos en sentido horizontal entre basamento y plaza se presenta en sentido vertical entre basamento y cueva. No olvidemos que el basamento piramidal es en esencia una geometrización de la montaña sagrada.

Cada uno de nosotros, al movernos por los emplazamientos mesoamericanos, somos un centro móvil que conjuga la horizontalidad del recorrido con la verticalidad implícita en la pausa. Espacio y tiempo se conjugan en el aquí y ahora de la existencia humana que se desenvuelve en el espacio sacralizado.

Espacio y mensaje cultural

Al tiempo que resuelve las necesidades de uso del espacio, la arquitectura tiene un valor testimonial; en ella se materializa un tiempo histórico determinado.

Esta facultad de representar los anhelos, ideales y creencias de una comunidad es lo que José Villagrán[87] llamaba el valor social de la arquitectura.

En el caso de la arquitectura mesoamericana, como hemos visto, no se conserva información fehaciente sobre sus funciones utilitarias. El reto es deducirlas de la propia arquitectura que ha sobrevivido hasta nuestros días, apoyados, desde luego, por los códices, crónicas y documentos que posibilitan la investigación histórica.

Las antiguas comunidades se reconocían en sus mitos. A través de esos mitos las civilizaciones mesoamericanas explicaban la creación del mundo y del género humano. Las deidades tenían un papel protagónico en la vida humana y sus hazañas eran revividas mediante los complejos rituales que se llevaban a cabo en los conjuntos ceremoniales. Las festividades religiosas lograban revivir simbólicamente en los creyentes los avatares del mito.

La participación de la comunidad en las ceremonias se realizaba de acuerdo a una rígida estratificación social, donde el gobernante y los sacerdotes ocupaban literalmente la cúspide de la pirámide. El espacio arquitectónico permitía hacer palpable la estructura de poder que sustentaba el territorio y los bienes sociales.

El desenvolvimiento espectacular de los rituales, que muchos historiadores han relacionado con el teatro, producía en los participantes, cualquiera que fuera su rango, el efecto emocional de ser testigos de una privilegiada actualización del mito.

De este modo la religión servía para legitimar el poder en la persona de los gobernantes y para afianzar el orden social. El

---
87 José Villagrán, Pp.15-26.

grupo aumentaba su sentimiento de pertenencia y cohesión, renovando la obediencia a las normas. El trabajo voluntario, la participación en la guerra y aun el sacrificio eran aceptados como parte de la vida comunitaria, pues tenían un fundamento religioso que convertía los actos en ofrendas.

8. RELACIONES ESPACIALES Y SIGNIFICADO. INTERPRETACIÓN

Horizontalidad y verticalidad. Contraste

Es la fuga horizontal, en contraste con la verticalidad del edificio, como remate visual, lo que logra el efecto de monumentalidad.

La visión mesoamericana del espacio se rige, en sentido horizontal por los cuatro puntos cardinales; la horizontalidad construye el plano del desplazamiento.

En sentido vertical el universo se estructura por el llamado *axis mundi*, representado en el arte y en los códices por un árbol cósmico, entre los mayas, la ceiba sagrada. Este eje vertical comunica el mundo subterráneo, con el nivel terrestre y con el nivel superior de los dioses. Las hierofanías pueden provenir del inframundo, como las cuevas y manantiales o bien descienden de los cielos, como el relámpago y la lluvia.

La verticalidad propicia el establecimiento de jerarquías. La estratificación se refleja en los cuerpos escalonados de las pirámides. Desde la altura de los grandes basamentos los poderosos ejercían el control del entorno y de la sociedad.

En la arquitectura maya se fomenta la verticalidad de los basamentos, con escalinatas de un solo tramo que recorren el volumen de abajo hacia arriba. Agreguemos a esto las cresterías que coronan los templos como enormes tocados. En Tikal la altura del basamento con el templo y la crestería suele duplicar la altura del basamento. (Figura 26)

En forma metafórica pudiéramos decir:

Si camino la alfombra suspendida desenrolla su lengua y conjura el vacío. Si asciendo se revelan a mis ojos plazas de la alturas. Nada de esto existía hace un instante.

La aparición regresa a su caverna sorda. La piedra nos expulsa de su reino.

Relación arriba-abajo. Expresiones de poder.

Para el análisis del espacio arquitectónico mesoamericano las categorías relacionadas con el poder y su expresión serán los binomios: abierto-cerrado; arriba–abajo; exterior–interior. Se tomarán en cuenta escala y proporción para redefinir el concepto de monumentalidad y se analizará el concepto de límites reales y virtuales, tanto en espacio interior como en exteriores.

La altura permite el dominio del conjunto, como metáfora del conocimiento que anticipa y controla los acontecimientos desde tiempo inmemorial.

La monumentalidad es intrínseca de la pirámide, continua o escalonada, igual conduce a la cúspide, como signo de poder.

Los estratos superiores se construyen para estar cerca de los dioses. Desde allí los sacerdotes gobernantes pueden captar la cantidad de personas y su movimiento.

Figura 26 Templo I, Tikal. Dibujo de Alejandro Villanova

Templo y plaza: fusión e individuación

Al pie del basamento, la plaza es un espacio de fusión comunitaria, donde difícilmente se distinguen los individuos y, en cambio, predominan las acciones grupales (peregrinaciones, danza ritual). El signo de las plazas es el anonimato. La exposición a cielo abierto, aparentemente vulnerable, entraña la paradoja de un refugio. Allí la multitud es ruido y el ruido es entropía, que en los momentos clave obedece al impulso colectivo, tal y como los astros obedecen a la gravedad y al magnetismo. Hablamos siempre de un movimiento colectivo, tanto en la danza como en las peregrinaciones.

Escenario ritual y actualización del mito

El cauce de la geometría, actualizando el mito, suspende el devenir, dando paso a la fiesta religiosa, que recupera el tiempo del origen. Ninguna experiencia colectiva más trascendente que convocar la manifestación de lo sagrado, el retorno del mito que vuelve a la consciencia del hombre religioso, por mediación del ritual; una tras otra las generaciones viven de nuevo la cosmogonía, la creación de los hombres y los astros, mitos fundacionales que se renuevan en el eterno presente que propicia las ceremonias religiosas.

Los lugares que ocupan los centros ceremoniales se asocian al acontecimiento mítico, y mediante símbolos reviven los pormenores de la leyenda. Así vemos que se encontraron distintas representaciones de la diosa Coyolxauhqui, en la base del Templo Mayor, justamente debajo del basamento que corresponde a Huitzilopochti, su vencedor en el Cerro de Coatepec. El basamento, entonces se trastoca en la montaña sagrada por la acción del mito, que se actualiza en la ceremonia.

Convergencia y focalidad. Remates visuales

La energía del pensamiento se concentra en el punto focal de la atención. Es la abertura que permite el paso del rayo solsticial. Ejemplo de ello es el fenómeno que se presenta en el Castillo de Chichen Itzá, cuando la sombra de la serpiente se desliza por la fachada.

En la espera expectante se potencian el tiempo y el lugar para el advenimiento. La inclinación que estrecha el basamento concentra la energía del oficiante, quien tal vez imagina más allá de lo que ve, pero de eso se trata el pacto con los dioses.

En la fenomenología de la mirada es cierto el rayo que sale del ojo, y que la óptica desmiente. La verdad de los que ven pertenece a otro orden.

Misterio y revelación. Arquitectura y máscara

El espacio interior en la arquitectura maya es creación del umbral. Por reducido que sea, es suficiente un nicho para que el sacerdote gobernante cruce de un espacio sagrado oculto a un espacio público, portando el atavío que lo relaciona inmediatamente con otro orden, más allá del tiempo cotidiano. El umbral es ese espacio que imanta el vuelco de los signos; al trasponerlo, emerge el sacerdote de las fauces de Itzamná, el mítico dragón.

La imagen es ambivalente: salir desde la oscuridad o ser devorado por la misma. Ambas alternativas oscilan en el núcleo del el umbral, pendientes sólo del impulso libre del que ha decidido traspasarlo. (Figura 27)

La arquitectura que es umbral puede ser máscara. El inmenso tocado y los regios atuendos logran una solución de continuidad con los elementos de la fachada, cuando el sacerdote aparece en ese lugar consagratorio en lo alto del templo.

En lo alto del basamento, sacerdotes y gobernantes guardan el secreto caro a los dioses, y protegen así lo sagrado inviolable. Ornamentos y símbolos, pasan a formar parte del cuerpo que recibe la comunicación divina. Hay una suerte de expansión corporal que confunde arquitectura y atavíos. En el momento de franquear el umbral que semeja las fauces de un animal fantástico, el sacerdote se hace uno con el misterio y de él emerge.

El espacio interior es creación del umbral. Ese espacio que imanta el vuelco de los signos. Emerge el sacerdote de las fauces del mítico dragón, jaguar, serpiente o bien es devorado por sus dioses.

La arquitectura que es umbral puede ser máscara, prolongación del inmenso tocado, cuerpo de la quimera, festín desmesurado de la avidez visual que al mismo tiempo teme y anticipa el horror, lo nunca visto.

Dar un lugar a cada fuerza, sugiere el mundo maya, cuyos glifos encarnan lo infinito posible. Dioses que son dragones, jaguares y serpientes. El tiempo numeroso se detiene. El gesto refinado se sorprende un instante seducido en su elegante danza.

No un centro sino varios, tantos como criaturas, porque cada individuo es un centro del mundo como conciencia alerta en la vigilia y vidente en el sueño. Lo múltiple enmascara y la máscara confiere poder a quien la porta. Un gesto fijo oculta el rictus verdadero y el ojo puede ver sin ser mirado.

Espacio abierto y monumentalidad

Hasta aquí hemos centrado la caracterización de la monumentalidad en el volumen material que constituye la escultura o bien la edificación. Sin embargo, hay que tomar en cuenta en ambos casos el espacio exterior que dialoga con la obra, configurando un binomio indisoluble. La cerrazón del volumen hermético se percibe gracias a la delimitación espacial que lo circunda. Entonces, para percibir dicho volumen es necesaria una distancia que nos permita observarlo en su totalidad. En el caso de la arquitectura es evidente que esta distancia alude a la perspectiva, y recordemos que los efectos monumentales en la arquitectura oc-

Figura 27 Hormiguero, Edificio V. Portada zoomorfa. Dibujo de Alejandro Villanova, según Paul Gendrop

cidental se deben al manejo de la perspectiva. Así, en Versalles se encuentra el mejor ejemplo en la focalización del palacio respecto a las terrazas exteriores, que logran una continuidad horizontal por medio de los estanques.

Con mayor razón, en la arquitectura mesoamericana es el espacio exterior a cielo abierto el que provoca las perspectivas monumentales. Es por ello que hablar sólo de los volúmenes en esta arquitectura no tiene sentido. Aquí el binomio basamento-plaza es indisoluble, porque el manejo del espacio exterior es un factor esencial de la monumentalidad, ya que es este espacio el que establece las relaciones de escala entre el paisaje, la arquitectura y el ser humano.

La valoración arquitectónica del espacio a cielo abierto ha sido posible después de un largo proceso de negación e invisibilidad, en el cual solamente las edificaciones eran consideradas como arquitectura.

Siguiendo este criterio limitado los estudiosos de la arquitectura se refirieron en su momento al carácter "escultórico" de la arquitectura clásica griega, porque fue hecha para vivirse públicamente sólo desde el exterior. Dicho espacio abierto era considerado como un vacío o en el mejor de los casos, como una transición entre un edificio y otro.

Su verdadera caracterización como espacio arquitectónico la hemos entendido mejor en la arquitectura del siglo XVI, gracias a los estudios que reconocen en los extensos atrios y las capillas abiertas una de las mayores aportaciones de América al mundo. Respecto a la necesidad de ampliar la noción de espacio arquitectónico, anteriormente restringido al espacio interior, Juan Benito Artigas consigna:

> ...es sabido que el espacio externo, contenido entre las cumbres de los basamentos piramidales, conformando plazas o recorridos es capital en ella. De estos planteamientos surge una pregunta ¿Por ser en ella, en la arquitectura prehispánica, reducidos los espacios internos en relación con los abiertos, no es arquitectura? Y claro que sí, que lo es, a poco que analicemos sus características; se hace evidente que el criterio anterior era limitado...

Estamos ante una comprensión progresiva del espacio a cielo abierto como espacio arquitectónico; no sólo como el espacio que precede, rodea o limita a los edificios, sino como parte inseparable del conjunto. Esta lección se debe sin duda al análisis del espacio mesoamericano, cuya monumentalidad dejaría de existir sin el contrapunto de las plazas, plataformas elevadas, patios hundidos, umbrales virtuales, altares, marcadores solares, etc. Son estos espacios y lugares a cielo abierto los elementos que codifican la sintaxis de un lenguaje arquitectónico, cuyas claves permanecieron alejadas de la cultura occidental, hasta que las estructuras de acero y vidrio hicieron posible la continuidad espacial entre adentro y afuera.

Para cambiar este enfoque destaca la aportación de la arquitectura moderna que establece una complementariedad entre espacio interior y exterior, cuyo diálogo ha enriquecido la noción de espacio arquitectónico, haciéndolo extensivo a los espacios al aire libre, tan valorados en las ciudades mesoamericanas.

En forma metafórica se pudiera decir:

> *Patios que son recintos de intimidad a la intemperie. Vanos más negros que la piedra. Escalinatas que se dan la espalda; plazas ciegas, ciclópeas o bifrontes. Todo es cuestión de inventar de nuevo las palabras para nombrar aquello que olvidamos.*

Divergencia, oscilación y dualidad

La unidad que se escinde y se desdobla constituye el primer acto de la creación. El Dios íntegro, indiviso cae en la tentación de mirarse al espejo y su sombra se escapa para siempre. De allí la multiplicación donde el absoluto busca recobrarse inútilmente.

Tal el sentido de la dualidad prehispánica, consciente de la oscilación. Ser y no ser, el drama de Hamlet se enuncia en náhuatl, respira en zapoteco. La aspiración es resolver la paradoja a partir de un parpadeo simultáneo.

El templo dual de México Tenochtitlan rinde tributo a Tláloc y a Huitzilopochtli, porque la guerra y la paz son necesarias.

Lleno y vacío alternan su presencia en el perfil del juego de pelota, lugar donde la muerte disputa territorios.

Inmutable el destino decreta quiénes reinan, quienes sufren y quienes deben ser sacrificados. En Bonampak los cautivos se contorsionan en los estratos bajos de la pirámide, mientras los nobles desfilan inmutables, cumpliendo otra fatalidad. Todos se necesitan en el drama. Los dioses son celosos, no permiten escaños vacíos. Todo papel será desempeñado en la rueda de las permutaciones. Ahora arriba, mañana abajo, sentencia Tezcatlipoca.

Espacio plegado y desplegado

El doblez que, al desdoblarse, revela no la unidad sino la dualidad, no la esencia sino la contradicción...el pliegue, al descubrir lo que oculta, esconde lo que descubre...el pliegue es su doblez, su doble, su asesino, su complemento. El pliegue es lo que une a los opuestos sin jamás fundirlos, a igual distancia de la unidad y de la pluralidad...

Octavio Paz[88]

Los paradigmas de la nueva ciencia, que se refieren a la definición holográfica del espacio plegado y desplegado, los podemos observar en numerosos ejemplos de arquitectura mesoamericana. Como prueba de esto pensemos en el desarrollo sucesivo de la tercera dimensión que observamos en volumen y en profundidad al recorrer las trayectorias rituales y las secuencias de plazas. La perspectiva logra fusionar la tercera dimensión en el plano, en tanto que la profundidad se generara como producto de nuestro avance que penetra en el espacio urbano ceremonial. Este efecto holográfico, que subsume el volumen en la superficie, lo observamos en las plantas arquitectónicas que expresan en el plano la totalidad del trazo de los basamentos. La perspectiva a ojo de pájaro coincide totalmente con la planta arquitectónica. (Figura 28)

---
88 Octavio Paz, Prólogo a la poesía de Xavier Villaurrutia, *Material de Lectura*, UNAM, 1977.

Si la imagen de los basamentos se superpone desde determinado punto de vista, entonces la colocación de una silueta delante de otra conserva la misma inclinación de los taludes y las alturas se superponen para que percibamos entones un basamento mayor que engloba en su perfil a aquellos que se encuentran más cercanos.

Tomando como referencia la naturaleza dual de la luz, vemos su coincidencia con el pensamiento mesoamericano el cual, en el caso de la arquitectura, afirma a un mismo tiempo el espacio estático contenido en el plano frontal y el espacio dinámico que se despliega en el tiempo del recorrido humano.

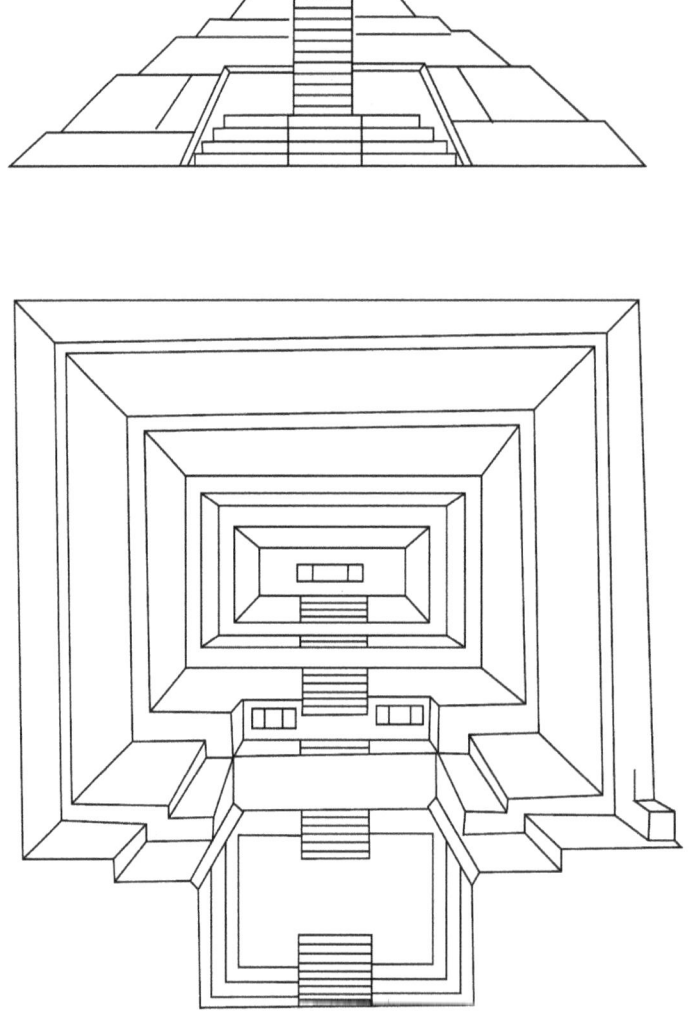

Figura 28 Pirámide de la Luna, según Ignacio Marquina. Dibujo de Alejandro Villanova

9. APROXIMACIÓN HERMENÉUTICA. DOS RECORRIDOS VIVENCIALES

Introducción

La perspectiva actual de la historia como una construcción hermenéutica, es decir, abierta a la interpretación vital del pasado, en el sentido de su continuidad operante en el presente, obliga a los historiadores de arte a replantear los fundamentos de aproximación a las culturas del pasado.[89]

El enfoque hermenéutico no aspira a descubrir verdades únicas, sino a generar una visión coherente de la realidad, capaz de vincularnos con la tradición y darle sentido al momento actual. En este esquema resulta más importante formular preguntas que obtener respuestas.

Las diferencias que observamos en otro tiempo histórico nos llevan a inquirir hasta qué punto el objeto de estudio nos es ajeno y hasta dónde nos reconocemos en aquella otra versión del mundo que tenemos en frente. El andamiaje para aproximarnos a ese diálogo se configura desde dos extremos: el presente del que partimos y el pasado que nos muestra sus particularidades y marca un rango de interpretación.

Respecto a la extrañeza ante lo diferente, ningún impacto mayor que el contraste entre las culturas europeas del siglo XVI y las culturas del llamado nuevo mundo.

Ya Tzvetam Todorov ha llamado la atención acerca de la otredad del mundo americano que se desarrolló con una trayectoria autónoma hasta la llegada de Colón y los conquistadores.[90] El hemisferio ignorado hubo de admitir, por fuerza o de grado, el fin de su aislamiento al recibir de Europa una nueva visión, que, al convivir con la cultura original produjo un nuevo horizonte histórico.

Teotihuacan: Percepción y recorrido espacio temporal

El centro ceremonial de Teotihuacan se impone como un grandioso signo humano generador de paisaje. A lo lejos se perciben los volúmenes piramidales de los basamentos a escala con los cerros circundantes.

A primera vista nos damos cuenta del esquema de composición: percibimos con claridad el eje de la Calzada de los Muertos como camino recto que penetra el conjunto en profundidad y articula los volúmenes principales. Esta calzada constituye el eje principal de la composición y se puede conceptualizar como un camino procesional y de distribución que articula al conjunto en su totalidad.

El desnivel que existe entre el inicio del recorrido desde La Ciudadela a la Plaza de la Pirámide de la Luna hace que tengamos una visión clara del centro ceremonial como si lo miráramos desde arriba. Aunque la percepción no se realiza desde un aeroplano, nuestra capacidad gestáltica es capaz de entender cabalmente y guardar memoria del trazo de la planta general (como si se pudiera volar con la mirada). Las dimensio-

---

89 Gadamer, *Op.Cit.*, Pp. 31-75

90 Tzvetam Todorov, *El problema del otro*, Pp. 23-41.

nes volumétricas son contempladas como en una maqueta (mirada exterior y desde arriba) pensamos que el recorrido sólo reafirmará esta percepción; de algún modo sentimos que lo sabemos todo.

Esa seguridad inicial de abarcar la estructura se diluye apenas iniciamos el recorrido. Si penetramos en la plaza llamada La Ciudadela, descendemos más de dos metros respecto a la Calzada de los Muertos, y entonces nos envuelve el cuadrángulo flanqueado por basamentos que descansan sobre la plataforma perimetral. Como remate visual se impone el Templo de la Agricultura o pirámide de Quetzalcóatl. A lo lejos, en dirección norte, aparece la Pirámide del Sol, cuyo volumen se minimiza en función de la distancia y el nivel de la plaza. Se pierde la referencia de escala con la totalidad del sitio, y únicamente la pirámide del Sol atestigua que estamos dentro de un conjunto mayor que la plaza donde nos encontramos. Este espacio se puede percibir como un recinto autónomo, perpendicular al eje de distribución, con la presencia lejana del volumen geométricamente puro de la Pirámide del Sol, que parece vigilar como un guardián.

Cada recinto se independiza del conjunto cuando lo ocupamos y lo relacionamos con nuestra escala humana real, como si regresáramos a nuestro centro más íntimo.

Si abandonamos La Ciudadela y continuamos a lo largo de la Calzada de los Muertos, encontramos un ritmo de escalinatas y patios cuadrangulares hundidos. Desde el nivel superior de la calzada podemos abarcar el conjunto con la mirada, pero si nos encontramos en el nivel inferior, nuevamente el conjunto desaparece. El trayecto desde la Ciudadela hasta la Pirámide del Sol se realiza a través de esta alternancia entre presencia y ausencia del conjunto monumental. El descenso y ascenso continuos dan al recorrido un ritmo espacio temporal que predispone al cultivo de la atención y la percepción conjunta del espacio-tiempo. Se puede calificar este recorrido como un espacio secuencial.

A partir de ese momento la Calzada de los Muertos vuelve a ser plana e invita a recorrerla sin obstáculos, con la vista clavada en el remate de la Pirámide de la Luna, cuya silueta se percibe enmarcada por el Cerro Gordo.

Al recorrer el trayecto, poco a poco el volumen de la Pirámide se impone sobre el cerro. Justo antes de penetrar en el cuadrángulo de la plaza el cerro desaparece de la vista y nos damos cuenta de la profundidad de la plaza, flanqueada por basamentos piramidales.

Durante el trayecto plano de la Calzada de los Muertos tenemos siempre al frente una visión plana de la Pirámide de la Luna, como si la plaza no existiera. Al avanzar nos damos cuenta de que la Calzada de los Muertos desemboca en una enorme plaza cuadrangular por cuya amplitud destaca el volumen masivo de la pirámide.

Un efecto equivalente sucede con el cuerpo adosado a la pirámide. En una vista frontal se percibe como una decoración lineal plana sobre el primer cuerpo del basamento. Al aproximarnos se nos revela el importante volumen de dicho cuerpo adosado, que parece un basamento independiente.

La llamada Calzada de los Muertos consta de tres tramos: el primero es plano y abarca el costado poniente de la ciudadela el segundo presenta desniveles y es en realidad una sucesión de cinco plazas cuadradas a un nivel aproximadamente dos metros más bajo que la circulación principal.

Estas plazas están flanqueadas por escalinatas y adoratorios con templos pequeños basamentos y habitaciones alrededor de patios. Desde la segunda plaza en sentido sur norte se puede contemplar un fenómeno especial de simetría de la arquitectura monumental con el paisaje circundante

Tenemos hacia el noreste el volumen imponente de la pirámide del sol y en forma simétrica hacia el suroeste el perfil del cerro que repite en sombra el volumen y el perfil de la pirámide como si fuera su doble en vista negativa, con una simetría de espejo. Se trata de un efecto de resonancia de la arquitectura con el paisaje. La imagen de la pirámide se despliega y se duplica respecto a un eje virtual de simetría perpendicular a las cinco plazas

Desde lo alto de la Pirámide de la Luna se ha observado que la silueta de taludes escalonados que presenta la Pirámide del Sol parece duplicarse en el perfil del cerro de Patlachique, el cual se percibe como un fondo oscuro donde destaca la pirámide a la luz del día, repitiendo en el cerro su propia silueta.

En este caso se trata de un plegamiento del espacio como si dobláramos las imágenes espejos de la pirámide y el cerro según el eje virtual de simetría.

Este efecto de plegamiento y despliegue del espacio es una constante en el conjunto monumental de Teotihuacan.

Desde la Calzada de los Muertos a la altura de la Ciudadela las escalinatas de las cinco plazas se superponen como si se ampliara el basamento de la Pirámide de la Luna compensando de algún modo la masividad del Cerro Gordo que se impone sobre el conjunto.

Si avanzamos, hasta la última de las cinco plazas, el volumen del Cerro Gordo que aparece como fondo equilibra su volumen con el de la Pirámide de la Luna.

A partir de este punto la Pirámide de la Luna comienza a imponerse sobre el Cerro Gordo de tal manera que al entrar al cuadrángulo de la plaza éste ha desaparecido de nuestra vista.

Estamos totalmente rodeados de arquitectura. Conforme avanzamos nos preguntamos cómo percibimos el umbral de esa plaza y es justo la percepción de su profundidad espacial la que nos lo indica.

Este espacio abierto rodeado de basamentos consta en realidad de dos espacios articulados: el primero formado por los cuatro basamentos que se remeten a uno y otro lado de la Calzada de los Muertos según el eje transversal oriente poniente.

Hacia el norte cierran parcialmente la plaza los dos basamentos que flanquean al cuerpo adosado a la Pirámide de la Luna los cuales forman un conjunto de tres basamentos equivalentes que generan una especie de vestíbulo a cielo abierto que antecede a la Pirámide de la Luna

Al centro de ambos espacios se levantan adoratorios de planta cuadrada.

Si ascendemos por la escalinata nos sorprende la profundidad de la plataforma que se forma en la parte superior del tronco de pirámide que constituye el cuerpo adosado. Sentimos como si se formara una nueva plaza a distinto nivel, y apenas en ese momento iniciáramos el ascenso a la Pirámide de la Luna.

Desde ese nivel podemos abarcar la totalidad del conjunto en dirección norte sur. Entonces observamos que el escalonamiento de los cuerpos de la Pirámide del Sol se repiten en la silueta del cerro que la enmarca en dirección sureste.

Si fugamos la mirada siguiendo el eje de la Calzada de los Muertos vemos una depresión entre dos promontorios. Es como si tuviéramos a lo lejos un corte de la Calzada de los Muertos, con la elevación de los pequeños basamentos que la limitan a cada lado.

Efectos similares de despliegue del plano en profundidad los tenemos en la Pirámide del Sol.

El desarrollo de la profundidad se genera con el recorrido, como si nuestro caminar engendrara la tercera dimensión, ligada al movimiento, y, como consecuencia, al tiempo.

Interpretación

En este recorrido se ha enfatizado la percepción de conjunto y subconjunto que se da de manera alternativa en los sitios ceremoniales mesoamericanos. La mirada panorámica con la que abarcamos la totalidad es estática, intemporal. La escala monumental en extensión, y la volumetría de los basamentos que dialogan con los cerros circundantes se nos impone como un espacio trascendente.

En contraste con esta percepción, los distintos niveles de circulación, plataformas y plazas crean recintos a cielo abierto con una escala mucho menor que nos permite interactuar con espacios delimitados. La mirada entonces cierra contornos y comienza a detallar texturas y accidentes; se convierte en mirada que ubica, se mueve y afronta el inexorable paso del tiempo.

Vamos de la mirada que contempla a la mirada que penetra; del plano síntesis pasamos a la profundidad secuencial.

La alternancia de estos espacios, presente en el tramo sur de la Calzada de los Muertos crea un ritmo en la conciencia que va de la atención estática a la atención dinámica y viceversa.

El despliegue de la tercera dimensión se observa en dos sentidos. Un avance del "vacío" del espacio al aire libre genera la profundidad, acompañando nuestro trayecto de penetración en el espacio del conjunto; al mismo tiempo que nosotros penetramos junto con el espacio abierto, los volúmenes revierten su pasividad y parecen avanzar en sentido contrario, hacia nosotros.

Monte Albán: Percepción y recorrido espacio temporal

Más cerca del cielo que de la tierra se extiende Monte Albán en una planicie de cumbre.

El cielo pesa sobre la sucesión de basamentos que limitan la explanada en sentido oriente poniente y sobre las dos pirámides masivas que rematan el conjunto en sentido norte y sur.

Basta la estatura humana para penetrar en la dimensión celeste.

Ascender por las escalinatas es dejar muy atrás la plataforma terrestre con el lastre de lo humano

No se trata sin embargo de irrumpir en la altura horadando los estratos de la nube. Se trata de una ascensión meditada. Vuelo que no se aparta de su rango.

Acunada por las elevaciones perimetrales se extiende una gran plaza rectangular dividida en dos por el núcleo central de edificios.

De este modo el espacio abierto se transforma en un circuito de trayectoria elíptica que articula la sucesión de volúmenes en un sentido perimetral.

Las escalinatas de las construcciones que rodean la plaza son perpendiculares al circuito, por lo tanto, el espacio abierto que les da acceso puede percibirse como una continuidad de plazas correspondientes a los distintos basamentos.

Destaca en este núcleo de edificios el llamado observatorio, son su planta en forma de flecha a cuarenta y cinco grados, señalado algún punto crucial del firmamento.

Interpretación

Tenemos entonces dos solicitaciones visuales igualmente poderosas: la continuidad del espacio abierto que sugiere el circuito, y la delimitación de plazas perpendiculares a dicho circuito, como espacios frontales respecto a las alfardas y escalinatas.

Frente a los basamentos norte y sur el circuito elíptico parece detenerse y se transforma en dos grandes plazas que están en relación directa con dichos basamentos.

Existen entonces dos solicitaciones visuales igualmente poderosas: la continuidad del circuito elíptico, en sentido norte sur y viceversa, y la delimitación perpendicular de las plazas frente a los basamentos, sugerida por las escalinatas y alfardas que les dan acceso.

Esta doble solicitación visual corresponde a la sincronicidad que supone la coincidencia de por lo menos dos tiempos.

El circuito elíptico parece detenerse enfrente de los basamentos norte y sur, que se encuentran aislados y rematan el conjunto.

Nuevamente detención y continuidad se enfrentan causando una tensión espacio temporal que nos lleva a intentar una síntesis de simultaneidad.

Se generan entonces dos posibles lecturas del espacio abierto, la del circuito elíptico (de izquierda a derecha y de derecha a izquierda) que obedece a rodear el conjunto siguiendo una fuerza centrípeta de cohesión, o bien la lectura de plazas situadas frente a los volúmenes perimetrales, siguiendo una fuerza centrífuga que apela a una expansión de los límites marcados por las fachadas de dichos basamentos.

Esta lectura dual se puede combinar y de hecho se combina al recorrer el conjunto produciendo una alternancia entre continuidad y detención, dinámica y estatismo. Dualidad que caracteriza la experiencia vital mesoamericana.

10. PATRONES PREHISPÁNICOS EN LA ARQUITECTURA DEL SIGLO XX

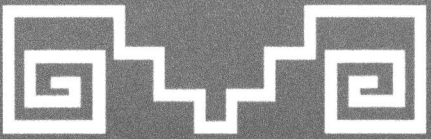

Factores ideológicos y primeras valoraciones del arte prehispánico

Durante el Siglo XIX los estudios sobre la antigüedad clásica (Winckelmann, *Historia del arte de la Antigüedad*) influyeron sin duda en el gusto de la época porfiriana.[91]

El positivismo en boga coincidía plenamente con la enseñanza de las artes que se impartía en la Academia de San Carlos, tomando como modelos la arquitectura, la escultura y la pintura clásicas tanto de Grecia y Roma, como del Renacimiento.

La inquietud por conocer el pasado de las culturas llevó a los estudiosos y a los viajeros a incursionar en las antigüedades americanas. El espíritu que animó esta búsqueda tiene dos vertientes: el afán arqueológico por registrar las culturas del pasado, correspondiente al espíritu ilustrado, y la inquietud de los viajeros que van en busca de las culturas exóticas, como consecuencia del naciente romanticismo. Cuanto más ajenas al mundo occidental, las civilizaciones resultan más atractivas, debido a la fascinación que ejerce lo diferente. La formación clásica de los primeros viajeros hizo que sus percepciones y representaciones gráficas deformaran la realidad de las obras y del paisaje, siempre con la referencia del pasado griego y romano.

Allí estaban las maravillas de Egipto y el mundo árabe, que fueron exaltadas a raíz de la campaña napoleónica; sólo faltaba explorar la antigüedad americana.

Al interior del país, a partir de la Independencia, se da la necesidad de construir una nueva visión de la historia que legitime el ejercicio del poder. El discurso histórico cambia según la óptica de los partidos liberal y conservador, que compitieron por el control político en los dos primeros tercios del siglo XIX. Así vemos que historiadores liberales como Carlos María de Bustamante (1774-1848) ubican el origen de nuestra cultura en el pasado indígena; en tanto que un conservador como Lucas Alamán (1792-1853) ubica el origen de los valores nacionales en la época virreinal

Hacia 1825, durante el gobierno de Guadalupe Victoria se fundó el Museo Nacional de México, que contenía las llamadas antigüedades indígenas. En 1840 fue visitado por la marquesa Calderón de la Barca, quien critica la disposición museográfica y manifiesta extrañeza ante las piezas prehispánicas, de las cuales sólo reconoce la extraordinaria factura. Paralelamente, otras instituciones como el Instituto de Geografía y Estadística, fundado por Valentín Gómez Farías en 1833, mostraron interés por el registro y definición de las distintas comunidades indígenas, con su lengua, tradiciones y cultura.

En los libros de texto se incluyó la civilización prehispánica como el sustrato ancestral de la cultura a partir de 1898, porque era necesario incorporar este conocimiento a la educación básica. Sin embargo ha habido siempre un abismo entre la valoración del pasado indígena y la valoración de los

---

91 La obra fue publicada en Dresde en diciembre de 1764, con fecha de 1763.

indígenas contemporáneos, a quienes se ha pretendido dignificar a través de la educación occidental que niega su lengua, tradiciones y culturas particulares.

Las rebeliones de distintos grupos indígenas (mayos, yaquis, apaches) fueron severamente reprimidas durante el porfiriato mediante control militar que el gobierno llamaba pacificación.

La contradicción que exalta la excelencia de la cultura antigua, desvinculada de la capacidad del indígena actual sigue siendo un problema social de primer orden.

El primer nacionalismo posrevolucionario está marcado por la ideología de Vasconcelos, quien veía las culturas prehispánicas como un origen remoto que había perdido toda su vigencia a partir de la conquista española. Para él la historia de México arrancaba desde allí, con el mestizaje racial y cultural del nuevo mundo. Su visión de los indígenas contemporáneos fue la de pueblos atrasados a los que había que educar en la modernidad del país, sin tomar en cuenta sus raíces y particularidades socioculturales.

En cambio se dio impulso al arte popular como una manifestación de identidad no exenta de folklorismo y así se manifestó en los murales, sobre todo en aquellos de Diego Rivera, cuyas imágenes han recorrido el mundo y se han vuelto lugares comunes acerca de "lo mexicano".

A las manifestaciones artísticas actuales de los pueblos indios se les reduce a artesanía y arte popular, reservándose el concepto de gran arte para las manifestaciones de la población "culta", asimilada al sistema de valores de la modernidad.

Monumentos con tema prehispánico en la época porfiriana

Esta retórica de recuperación y asimilación del pasado indígena en el siglo XIX tuvo su expresión en monumentos urbanos dedicados a la memoria de los tlatoanis mexicas. En 1880 Manuel Vilar presentó en San Carlos un proyecto para una escultura de Moctezuma; En 1884 se realizó en Oaxaca el Monumento a Juárez en estilo neo indigenista; en 1887 se mandaron hacer las esculturas de Ahuízotl e Izcóatl que se colocaron en la plaza de Carlos IV y se trasladaron después al norte de la ciudad. Hoy en día los identificamos como los Indios Verdes. Miguel Noreña publicó en 1907 en "el mundo ilustrado" el proyecto para un monumento a Xicoténcatl.

En esas fechas (1887) se convocó a concurso el monumento a Cuauhtémoc. Ganó el proyecto del Ing. Francisco Jiménez, con escultura de Miguel Noreña, Gabriel Guerra y Epitacio Calvo. Actualmente se encuentra en el cruce de Av. Insurgentes y Av. Reforma, y constituye otro hito importante en esta proliferación de monumentos con reminiscencias prehispánicas con elementos decorativos de diferentes culturas interpretados sin mucho apego a la realidad.

Estos monumentos combinan elementos arquitectónicos con la decoración escultórica, sobre todo en los basamentos.

En pintura se representaron escenas con tema indígena como la fundación de México (1864), obra de Luis Couto, la cual fue comprada por Maximiliano, quien tanto admiraba la cultura prehispánica. Las fotografías de ruinas eran cotizadas desde entonces.[92]

De la arqueología al arte prehispánico

En 1790 se descubrieron la Piedra del Sol y la escultura monumental de Coatlicue, a raíz de las obras que inició el Virrey Revillagigedo en la ciudad. La calidad de las piezas estaba fuera de duda, pero la cultura en boga, influida por las ideas de la Ilustración y los ideales clasicistas impidió que fueran consideradas como obras de arte. La Piedra del Sol estuvo empotrada en la torre poniente de la Catedral; Coatlicue fue recluida en la antigua universidad, donde se trasladaron todas las piezas arqueológicas que hoy en día forman parte del acervo del Museo Nacional de Antropología, y, en su momento (1887), ocuparon la llamada sala de los monolitos del anterior museo ubicado en la calle de Moneda.

Más allá de las implicaciones históricas y políticas respecto al pasado prehispánico, se planteó desde el siglo XIX la polémica del valor estético de las obras. ¿En qué medida eran arte aquellas manifestaciones?

Para quienes tenían el concepto académico del arte, a mediados del siglo XIX, las obras en cuestión eran sólo testimonios para conocer una cultura del pasado, mas de ninguna manera se les consideraba como arte.[93]

Se publicaron artículos arqueológicos en la revista *Renacimiento*, que representaba la opción de la cultura nacional, y se realizaron estudios comparativos entre el México prehispánico y otras culturas antiguas ya estudiadas.[94]

Hacia 1884, Leopoldo Batres inició las excavaciones de Teotihuacan, conjunto que por su magnificencia y proximidad a la ciudad de México influyó mucho en el aprecio generalizado de nuestro pasado prehispánico. La arquitectura más antigua comenzó a tener presencia, sobre todo como fuente de elementos decorativos que fueron profusamente imitados como signos aislados durante el auge del eclecticismo en México.

Al terminar la dictadura porfiriana por efectos de la Revolución creció en México el sentimiento nacionalista, impulsado por el entonces secretario de Educación José Vasconcelos, quien ocupó el cargo entre 1921 y 1924. La principal fuerza de afirmación de la identidad se centró en el muralismo mexicano de Diego Rivera, José Clemente Orozco y David Alfaro Siqueiros.

---

92 Julio Michaud vende las fotografías de vistas mayas de Desireé Charnay en 1865. El promotor liberal Lic. Felipe Sánchez Solís, encargó los cuadros con tema indígena: "El descubrimiento del pulque, de José Obregón (1869), "La liberación de Cuauhtemotzin", de Santiago Rebull y "La liberación del Senado de Tlaxcala", de Rodrigo Gutiérrez.

93 Para el culto licenciado José Bernardo Couto, bajo cuyos auspicios creció la Academia de Bellas Artes, la pintura prehispánica representa la infancia del arte, con todas las deficiencias que esto implica.

94 Por ejemplo el "Estudio comparativo entre las pirámides egipcias y mexicanas" del Ing. Antonio García Cubas.

Para Vasconcelos los restos materiales que nos legaron las culturas precolombinas eran tan sólo arqueología, sin ninguna connotación artística.

En ese tiempo, (1917-24) Manuel Gamio estaba a cargo de la Dirección de Antropología perteneciente a la Secretaría de Fomento y Agricultura. En contraste con Vasconcelos, su formación en antropología social le permitió ver clara la necesidad de tomar en cuenta la realidad de marginación en que vivían los indígenas, antes y después de la Revolución. Él tenía conciencia de las profundas diferencias que apartaban al indígena no sólo de la modernidad, sino de la historia oficial del país, de la que siempre estuvieron excluidos. Su posición para integrarlos era tomar en cuenta esa realidad y rescatarlos de una inferioridad que no era consustancial a la raza, sino producto de las circunstancias; su pensamiento recogía las tesis del antropólogo Franz Boas, su maestro, a saber: 1) que no existe inferioridad innata; 2) que ésta se ha producido por motivos de orden histórico, biológico y geográfico; que al variar la educación y el medio desaparecerá del indio aquella inferioridad. Con esto quedaba claro que las diferencias no se debían tan sólo a la educación y que se tenía que diseñar un plan más amplio para integrar a la población indígena al contexto nacional, problema que aun hoy en día sigue vigente.

Como arqueólogo, Gamio puso las bases de la valoración estética del arte prehispánico. Gamio se preguntó si había arte en lo arqueológico, y de ser así en dónde estaba. Su respuesta puso en evidencia el condicionamiento del gusto que en su época estaba regido exclusivamente por modelos de origen europeo. Siguió preguntándose qué sería necesario en nuestra educación para poder apreciar el arte precolombino y postuló que tendríamos que conocer sus antecedentes para poder sentir alguna emoción estética.

Influencia decorativa en arquitectura

En 1867 se realizó el pabellón mexicano que participó en la Exposición Internacional de París; el edificio consistía en una reproducción del basamento de las serpientes emplumadas de Xochicalco, y se puede considerar como un antecedente temprano de la tendencia indigenista en arquitectura.

Se puede hablar entonces de un eclecticismo nacionalista que daba la preferencia a motivos decorativos prehispánicos sobre los europeos, sin que esto modificara en lo fundamental el lenguaje arquitectónico de la época.

En 1889 México participa en la Exposición de París que conmemoró el centenario de la Revolución Francesa. El pabellón constaba de tres cuerpos, dos volúmenes salientes laterales y un acceso central en perfecta simetría. La fachada era prehispánica, con elementos decorativos bien interpretados, y el interior, de estructura en hierro a la manera francesa. Tal era por entonces el concepto de lo mexicano en arquitectura.

México participó en la Feria Iberoamericana de Sevilla en 1929. El Pabellón fue obra del Arq. Manuel Amábilis. A diferencia del pabellón de 1889 esta vez se respetó la integridad del estilo maya, sin embargo la aproximación hacia la arquitectura prehispánica continuó siendo decorativa.

Obras del primer nacionalismo: neoaztequismo y neomaya.

En arquitectura se dio una tendencia indigenista representada, entre otros, por Manuel Amábilis quien realizó proyectos con influencia maya en Mérida y defendió la asimilación del estilo más que la imitación.

Sus ideas sobre el arte eran acordes al nuevo nacionalismo que coronó el triunfo de la Revolución Mexicana. Veamos las siguientes declaraciones que forman parte de su estudio sobre las artes toltecas, el cual ganó el concurso de Bellas Artes de San Fernando, convocado en Madrid, en 1929 para conmemorar el Día de la Raza:

> *... la revolución necesita transformar el arte en un apostolado cuya misión sería aficionar al pueblo a la admiración de lo bello y desterrar de los ambientes populares la fealdad. Para esto (los artistas) necesitarían expresarse en un lenguaje artístico inteligible, accesible al pueblo; es decir, adecuado a la idiosincrasia y el alma americanas.*
> *...*
>
> *El arte antiguo americano está llamado a un nuevo florecimiento, vivificado por la aún no terminada revolución, para llegar con esa base a ser capaz de expresar los ideales que hoy agitan a la humanidad.*

Como importante logro La obra de Ignacio Marquina titulada *Estudio arquitectónico comparativo de los monumentos arqueológicos de México* fue presentada en 1923 ante el Congreso de Americanistas y recibió mención especial del jurado en el mencionado concurso de Madrid.

Ornamentación prehispánica en la arquitectura Decó

El Art Deco deriva de la Exposición de Artes Decorativas que se realizó en París en 1925. Tiene como característica la conservación de elementos decorativos, tan caros al antecedente Art Nouveau, pero esta vez resueltos con tecnología industrial. Sus motivos básicos son las líneas en zigzag y el escalonamiento, aspectos en los que coincide con la arquitectura mesoamericana; pero no por ese tipo de coincidencias podemos postular la influencia de arte prehispánico en el Art Decó, ya que se trata de manifestaciones culturales totalmente distintas. Para el Art Decó tomar motivos aztecas o mayas es parte de la asimilación de culturas exóticas que caracterizó a ese estilo arquitectónico.

El Art Deco de los años treinta integró a la arquitectura motivos prehispánicos como mascarones y relieves en los paneles destinados a la ornamentación, donde se colocaban grecas y otros temas empleados en las fachadas de edificios antiguos. Los paneles y frisos ornamentados contrastaban con los muros lisos en esta arquitectura que proliferó en edificios públicos y vivienda, como primera respuesta a la transformación urbana que marcó la segunda mitad del siglo XX.

Sin duda el trabajo más representativo de esta tendencia es que el Arq. Federico Mariscal realizó la terminación del Palacio de Bellas Artes, modificando el proyecto original de Adamo Boari, de acuerdo a los postulados de arte nacionalista emanados de la Revolución. El contraste entre el exterior y el interior es evidente. La selección de mármoles oscuros, negro, verde y rojo es como el otro lado de la moneda respecto al exterior resuelto en mármol blanco de Carrara. El leguaje Art Decó, a base de líneas rectas quebradas y líneas en zigzag crea una dinámica agresiva frente a las curvas armoniosas del exterior diseñadas por Boari en un estilo ecléctico Art Nouveau.

Los detalles decorativos subrayan la preferencia por los motivos prehispánicos; así aparecen los mascarones de Tláloc, las cabezas de guerreros águila y los mascarones de Chac.

Primer funcionalismo y rechazo de modelos históricos

El revival es una copia de la arquitectura del pasado, utilizando nuevos sistemas estructurales. No es extraño que haya sido el estilo Gótico el que gozó de mayor popularidad. La razón es que la aportación estructural y espacial propia de este estilo responde a los ideales de la arquitectura del Siglo XIX: crecer en altura y cubrir claros cada vez mayores.

Sin embargo, a medida que la modernidad avanzó, se fueron desechando las copias de edificios históricos en aras de una arquitectura nueva, emanada de los avances estructurales y técnicos.

Como la inspiración en lo prehispánico había sido básicamente decorativa, esta tendencia se vio cancelada por la depuración formal característica de la nueva arquitectura.

La llegada a México del funcionalismo coincidió con la necesidad de generar soluciones económicas y estandarizadas para una población creciente que demandaba educación, salud y trabajo a partir del triunfo de la revolución de 1917.

En arquitectura la respuesta fue radical. Son famosas las declaraciones incendiarias del arquitecto socialista Álvaro Aburto en el sentido de rechazar los postulados arquitectónicos emanados de la vieja escuela de Bellas Artes de París. Emergía una nueva visión que relegaba al esteticismo arquitectónico a un segundo plano, llegando al extremo de rechazar todo manejo expresivo de la forma, por lo menos en teoría.

Esta tendencia se conoce como Primer Funcionalismo y de ella salieron las primeras escuelas primarias y secundarias, proyectadas por Aburto, O'Gorman y Carlos Leduc, las cuales fueron el germen para la estandarización de patrones vigentes en el CAPFCE.

Estas escuelas se distinguieron como la arquitectura más despojada que se había construido en México; eran prácticamente la estructura, sin ningún detalle ornamental o de acabados más allá de lo indispensable utilitario. Cualquier otra añadidura hubiera sido vista como exceso por estos arquitectos socialistas radicales.

Integración plástica

Paradójicamente, en el caso de Juan O'Gorman, excelente pintor y artista plástico, además de arquitecto, su expresión derivó hacia una integración plástica total, representada por su casa en el Pedregal, que desafortunadamente fue demolida. En las fotografías que se conservan podemos apreciar el grado de ornamentación escultórica y pictórica que el arquitecto empleó, contradiciendo en forma flagrante los principios que marcaron su primera etapa. A él se debe, como es sabido, el famoso mural que cubre en su totalidad el gran prisma que alberga el acervo de la Biblioteca Central de la UNAM; verdadero paradigma de la integración plástica nacionalista en diálogo con la arquitectura de estilo internacional.

Aquel primer funcionalismo, avocado a resolver los problemas urgentes del México posrevolucionario, derivó en un estilo llamado internacional, menos austero, con una estética purista y amante de la innovación tecnológica y constructiva estandarizada.

Asimilación moderna de los modelos prehispánicos

La búsqueda nacionalista no se abandonó del todo en el México moderno.

Testimonio de ello es la decoración estilo Art Deco que integró mascarones y relieves prehispánicos a las fachadas. En cierto modo se ha visto en la masividad retórica de este estilo una reminiscencia de la antigüedad mesoamericana, poco estudiada hasta entonces.

A partir de los años cincuenta la búsqueda nacionalista renació con mayor intensidad. El resultado fue el proyecto colectivo de la ciudad Universitaria que se convirtió en un detonador de la orgullosa ciudad moderna.

Otro de los paradigmas sigue siendo el Museo Nacional de Antropología e Historia, *sancta sanctorum* del nacionalismo mexicano, que respondió al programa político del Partido Revolucionario Institucional, en el poder durante setenta años.

11. PRESENCIA PREHISPÁNICA EN LA ARQUITECTURA ACTUAL

Asimilación de la geometría mesoamericana.

Como consecuencia de la invención de la fotografía surgió la búsqueda de una expresión liberada de la mímesis. Esta inquietud llevó al artista a un análisis geométrico de la forma, que dio como resultado el cubismo analítico y sintético. El resultado más radical de este proceso de abstracción fue el Neoplasticismo de Piet Mondrian que redujo el universo plástico a composiciones perpendiculares y colores básicos. Aquí la representación cede el lugar a la expresividad inherente a la forma y el color, los cuales cobran un estatus autónomo. (Figura 29)

Esta depuración geométrica se impuso gradualmente a la arquitectura, agotada por el decorativismo ecléctico e historicista del siglo XIX. Las muestras más radicales de esta renovación de pensamiento las dio el arquitecto Adolf Loos con su rabioso rechazo al ornamento:

> *Ornamento es fuerza de trabajo desperdiciada y por ello salud desperdiciada. Así fue siempre. Hoy significa, además, material desperdiciado y ambas cosas significan capital desperdiciado.*[95]

La Revolución Industrial y la consecuente producción en serie fueron factores determinantes en la simplificación geométrica de la arquitectura del siglo XX, tal como se observa en movimientos de dis-

Figura 29 Composición con rojo, amarillo, azul y negro. Piet Mondrian (1921). Gemeentemuseum, La Haya

tinta raigambre ideológica como lo son el Constructivismo Ruso y la Bauhaus.

No es casual que este énfasis en la geometría simple coincida con el interés internacional por la arquitectura mesoamericana. El rigor volumétrico de basamentos y templos; la claridad de ejes compositivos, la composición de los conjuntos urbanos y la ortogonalidad de las plazas, son características formales que corresponden a los ideales de la nueva arquitectura.

Así observamos en el Cuadrángulo de las Monjas la nítida alternancia entre macizos y vanos cuadrangulares en un poderoso ritmo de luz y sombra, donde reina la geometría euclidiana.

En la misma forma la arquitectura contemporánea, resuelta a base de planos, provoca un intenso contraste entre macizos de concreto y vanos acristalados, en un juego de rectas que se cruzan en forma ortogonal.

En la arquitectura de Mitla la ornamentación de grecas se extiende como un tapiz por las fachadas, marcando aquellos puntos

---
[95] Adolf Loos, *Ornamento y Delito, y otros ensayos*. Pp. 226-227

de inflexión donde el observador detiene la mirada. Obviando la riqueza fuera de serie de esta decoración, la preeminencia de lo arquitectónico está fuera de duda.

Aunque los basamentos tienen una silueta piramidal, y no prismática -como sería el ideal funcionalista- es indudable su lección de verticalidad en contraste con la horizontalidad de plazas y plataformas. Este diálogo perpendicular entre plazas y edificios se volvió tan importante en el siglo XX que Mies Van der Rohe ocupó en una plaza la mitad del terreno de su famoso edificio Seagrams en pleno corazón de Manhattan. (Figura 30)

Presencia prehispánica en Ciudad Universitaria

El proyecto de Ciudad Universitaria, al inicio de la década de los cincuenta, representó la gran oportunidad para que los arquitectos pusieran en práctica los postulados de la arquitectura funcionalista.

Enrique del Moral, Mario Pani, Teodoro González de León y José Villagrán, entre otros, contribuyeron a la imagen de modernidad nacionalista propia del campus universitario.

Las principales características del proyecto son el trazo ortogonal y los largos trenes horizontales de edificios, en contraste con los prismas verticales, todos al rededor de un gran espacio abierto.

Como puede observarse, estas características coinciden con la composición de los grandes conjuntos mesoamericanos. Si a esto agregamos el empleo masivo de la piedra volcánica, tenemos una percepción cercana a los antiguos monumentos. Sin embargo estas coincidencias son más superficiales de lo que pretenden.

El espacio abierto no tiene un sentido de reunión, sino de distribución entre las distintas facultades.

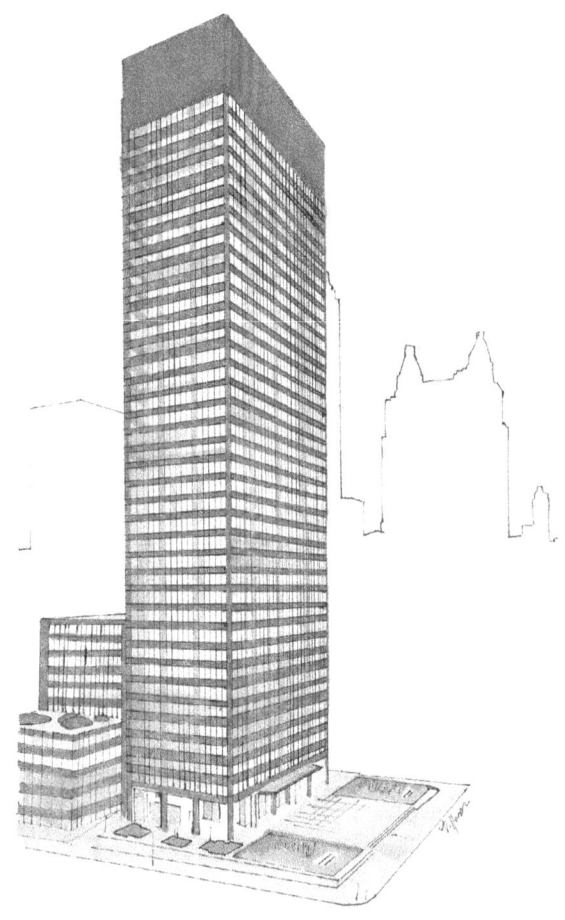

Figura 30 Edificio Seagrams de Mies van der Rohe. Dibujo de Alejandro Villanova

Entre los edificios y la gran plaza no se establece una relación participativa en sentido vertical como sucedía con los basamentos y templos. Dicha relación se transforma en posibilidad de acceso, no siempre claro. Desde lo alto la única relación que persiste es la de vista desde adentro hacia afuera.

En el edificio prismático funcionalista se rompe con el lenguaje jerárquico, tan importante en el mundo mesoamericano, donde el templo en lo más alto del basamento indica la máxima jerarquía. (Figura 31)

La enorme extensión del campus borra la relación de aquellos edificios que están unos frente a otros. Recordemos que en Monte Albán existe un núcleo central como mediador de distancias que mantiene la articulación.

Actualización de la monumentalidad

La monumentalidad en la arquitectura mexicana del siglo XX se refleja en la extensión de las plazas que preceden el acceso a los edificios, o bien articulan entre sí los distintos componentes de un conjunto.

Así en el Museo Nacional de Antropología de Pedro Ramírez Vázquez es el gran patio el que comunica a las distintas salas de la planta baja y permite visitarlas en cualquier orden, haciendo posible una visita de acuerdo las necesidades del público.

La gran plaza de acceso da jerarquía al museo y recuerda los grandes espacios abiertos de las ciudades mesoamericanas. Sin embargo, la volumetría de la arquitectura del Siglo XX jamás podrá competir en altura y masividad con la arquitectura prehispánica. La gran plaza de acceso en la actualidad funciona como una gran explanada que debe recorrerse a pie a fin de entrar al edificio, no tiene funciones de reunión ni de descanso, recreación o permanencia. Al salir del edificio la plaza se convierte sólo en una distancia a recorrer para alcanzar el transporte de regreso.

A partir de la revolución industrial la arquitectura enfrenta dos retos principales: los edificios altos y las estructuras de gran claro. La torre Eiffel y la Galería de las Máquinas fueron la respuesta a finales del Siglo XIX. En ambos casos la monumentalidad está presente.

El progreso de la técnica constructiva y la optimización de materiales de alta resistencia han generado un progresivo cambio de escala en la arquitectura. Actualmente tenemos el género de las mega-estructuras, capaces de albergar en su interior a varios edificios, como sucede en Toronto.

El carácter monumental de la arquitectura mesoamericana ha llamado la atención de propios y extraños. El manejo de la escala en los centros ceremoniales trasciende cualquier ejemplo de arquitectura occidental. Sólo las culturas antiguas de Medio Oriente como Egipto y Mesopotamia son equiparables en su grandeza.

La monumentalidad mesoamericana no depende sólo de la escala de los edificios, sino del diálogo entre volúmenes masivos y extensas plazas. Este binomio es la clave del impacto dimensional sin precedentes que recibimos al confrontar estos sistemas espaciales.

Uno de los ejemplos más puros de plaza occidental lo constituye la Plaza de Salamanca, prácticamente cerrada, con un acceso claro.

Caso muy diferente son las plazas mesoamericanas, delimitadas por basamentos y abiertas en sus cuatro ángulos. Se trata de un espacio que fluye, sin planos verticales que lo delimiten. En el caso del Cuadrángulo de las Monjas en Uxmal sí existen paramentos verticales delimitantes, pero el espacio abierto no se cierra en los ángulos y sigue siendo fluido. Es más, aquí la monumentalidad está dada por el espacio abierto que permite apreciar en toda su magnificencia el ritmo de las fachadas y los relieves que señalan su jerarquía.

Las plazas europeas son pulmones abiertos en un denso tejido urbano; nuestras plazas crean un límite entre el espacio abierto circundante y el espacio contenido por los basamentos y edificios. Su monumentalidad está en función de la amplitud del espacio abierto delimitado.

Figura 31 Ciudad Universitara. Fotografía de Liliana Zamudio

CONCLUSIONES

Conclusiones

Reciclaje formal

El recuento de la historia no termina. Cada época aporta su lectura del pasado de acuerdo a los valores reconocidos en su momento.

Es hasta el siglo XX, concretamente después de la Revolución Mexicana, que se afianza el interés por valorar el arte mesoamericano como baluarte del nacionalismo.

Los anteriores intentos no dejaban de ser una curiosidad o bien caprichos del historicismo exótico. Nunca antes de 1920 lo prehispánico fue relacionado directamente con nuestra identidad. Así lo demuestran los pabellones eclécticos que representaron a México en las exposiciones al finalizar el siglo XIX, en las cuales el exotismo islámico parecía tener el mismo valor que nuestra enorme herencia indígena americana.

Esto cambió radicalmente con la revolución y su anhelo de reivindicar los valores auténticos del pueblo mexicano. Como ejemplo de entusiasmo arquitectónico, Diego Rivera proyectó el Anahuacalli en un estilo neoazteca. Como hemos visto, las reminiscencias mayas configuraron la imagen de la arquitectura yucateca posrevolucionaria en monumentos, casas habitación, restaurantes e iglesias. La influencia maya trascendió a Estados Unidos, en la decoración de hoteles, restaurantes y casas habitación, compartiendo créditos con el popular Art Deco.

Pero todo este auge es meramente ornamental y decorativo. En el mejor de los casos contribuye a despertar el interés de las clases cultas y adineradas por aquel pasado legendario, relegado a las vitrinas del museo arqueológico. Nadie se imaginó que transcurridos pocos años, el arte prehispánico sería el signo ideológico de la emancipación del pueblo. Los criterios cambiaron y aquello que era visto como atraso y barbarie pasó a ser historia digna de ser estudiada.

Por otra parte, la artesanía dio paso al concepto de arte popular, revalorando tradiciones ignoradas que habían sobrevivido sólo en los pueblos, ligadas a la pobreza del medio rural. El talento de Diego Rivera fue el más sobresaliente para lograr esa anhelada síntesis de lo prehispánico con la artesanía; una vez descubierto este vínculo nunca se ha abandonado. Si el arte mesoamericano era elitista, complejo y altamente codificado, estas características se pasan por alto a favor de una publicidad de arte del pueblo y para el pueblo, que cae, no pocas veces, en el facilismo y la banalidad. Esto no demerita el legado de los grandes representantes del arte popular; allí están por ejemplo las inigualables calaveras de Guadalupe Posada; lo criticable es que el arte popular se hizo populista para apoyar la retórica folklórica (la rima ilustra el caso) y, en el fondo, autoritaria del partido en el poder.

Al nacionalismo programático posrevolucionario, épico y grandilocuente, de los monumentos Art Deco ha seguido una búsqueda más contemporánea que se aleja de los extremos del socialismo radical y su rabioso funcionalismo. Se ha buscado recuperar la poderosa expresión plástica de México, no solo durante la época prehispánica, sino a lo largo de toda su historia. El reto del México moderno ha sido entonces lograr la síntesis entre la arquitectura internacional, que demandaba la ciudad en crecimiento, y esa herencia prehispánica que entonces revelaba su fuerza de gran arquitectura. El resultado no se hizo esperar y surgieron los edificios símbolo como el Museo Nacional de Antropología y el Campus Universitario. Monumentalidad y grandes plazas fueron los signos de apropiación. Se buscó recuperar la arquitectura a cielo abierto, aunque el concepto mesoamericano es mucho más amplio que simples plazas de acceso que preceden fachadas simétricas con lujosos acabados. (Figura 32)

En cuanto a la integración plástica, aun en los mejores ejemplos, como la Biblioteca Central y la SCOP, lejos están de alcanzar la calidad estética y verdadera integración, presente en Xochicalco, el Tajín o la arquitectura maya, cuya cumbre de integración plástica son, a mi juicio, las portadas zoomorfas. La desventaja de las obras del Siglo XX consiste en que la arquitectura racionalista no fue planeada para compartir su es-

Figura 32 Museo Nacional de Antropología, obra de Pedro Ramírez Vázquez. Dibujo de Alejandro Villanova

pacio con las otras artes, sino para realizar con ellas un diálogo urbanístico, en el mejor de los casos.

Al modelo prismático de la arquitectura Internacional sucedió una búsqueda más profunda que se denominó abstracción simbólica. Se caracterizó por reciclar determinadas formas y lenguaje plástico de la arquitectura mesoamericana; entre ellas destacan, según nuestro análisis:
- secuencia de taludes,
- interesantes claroscuros y juegos lineales,
- geometrización de elementos simbólicos (mascarón),
- masividad y movimiento,
- contraste entre elementos horizontales y verticales,
- fuga de ejes visuales,
- texturas agresivas,
- vanos recortados en muros ciegos,
- transparencia hacia grandes espacios abiertos,

No cabe duda que esto es un gran avance, pero las verdaderas aportaciones del espacio mesoamericano que lo hacen único en el mundo no han sido asimiladas. Hemos propuesto como caracteres intrínsecos del espacio mesoamericano los siguientes conceptos:
- horizontalidad ligada al caminar humano
- verticalidad ligada a la contemplación del símbolo
- límites virtuales
- espacio plegado y desplegado,
- visión holográfica,
- profundidad y tiempo ligados en la vivencia de la arquitectura.

Ninguno de ellos ha sido manejado hasta la fecha. Sirva el presente trabajo como una motivación para futuras realizaciones y como orientación a la enseñanza de los jóvenes arquitectos.

Identidad ante la globalización

En la cultura el mundo actual se debate entre dos polos: la aldea global frente a regionalismos cada vez más acendrados. Están en debate por primera vez en la historia la pertenencia y la identidad. Nos acercamos a una pérdida de fronteras, como está sucediendo en la comunidad de naciones europeas, donde ya circula una sola moneda y los gobiernos son interdependientes.

Tradiciones y rasgos diferenciales tienden a desaparecer, o a ser asimilados como patrimonio de todos por igual. El odio hacia la diferencia está a la vista en la campaña contra el Islam, que parece una nueva cruzada.

Las alianzas por región, cuentan más que los países como fuerza política y económica. Desde esta óptica cabe preguntarse ¿por qué el sueño de Bolívar en América Latina aún no ha sido posible? Si tenemos la misma cultura, la misma lengua y las mismas carencias de desarrollo.

Hemos caído en la trampa de la incomunicación. Sólo nos llegan imágenes de terrorismo, narcotráfico y violencia, a través de una campaña mediática todopoderosa, que relega una vez más los valores auténticos de nuestra común historia, enraizada en el profundo sentido de las culturas precolombinas.

Por contraste con la super civilización que nos aleja de la naturaleza, nuestras antiguas culturas nos enseñan a respetarla; el aislamiento autista de las ciudades tiene su antídoto en la comunión profunda de la fiesta; la alimentación de plástico exhibe su tristeza ante nuestros mercados tradicionales; la medicina especializada y fría aprende con los chamanes la lección de la tierra.

Cultivo la esperanza de que mirando juntos hacia ese pasado podamos rescatar el destino de América. Comencemos por ver con nuevos ojos la milenaria arquitectura, más allá de la copia retórica y el reciclaje de exportación hecho para el turismo convencional.

Allí está todavía ese inmenso patrimonio. Sólo aguarda que abriendo los ojos, en una pausa de silencio, podamos escucharlo.

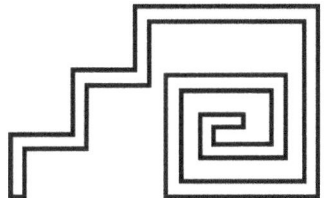

Lista de ilustraciones

Figura 1.- Greca
Figura 2.- Plaza de la Luna
Figura 3.- Juego de pelota
Figura 4.- Palacio teotihuacano de Atetelco
Figura 5.- Coatepantli en Tula
Figura 6.- Grupo A-V de Uaxactún
Figura 7.- Monte Albán. Subconjunto de plataforma, patio y basamento
Figura 8.- Talud y tablero en Teotihuacan y antecedente en Kaminaljuyú
Figura 9.- Edificio de cinco niveles en Edzná
Figura 10.- Vaso de Rubin. Variante
Figura 11.- Cubo de Sierpinski
Figura 12.- Cubo
Figura 13.-Teotihuacan. Pirámide de la Luna
Figura 14.- Plazas en Tajín
Figura 15.- Tula. Plaza principal
Figura 16.- Partenón
Figura 17.- Templo de Luxor
Figura 18.- Basílica de San Pedro
Figura 19.- Cabeza olmeca
Figura 20.- La Giganta
Figura 21.- Quetzalcóatl
Figura 22.- Coyolxauhqui con trazo en espiral
Figura 23.- Curva Snowflake
Figura 24.- Palenque con trazo basado en el giro del cuadrado
Figura 25.- Uxmal. Arco en el Cuadrángulo de Las Monjas
Figura 26.- Templo I, Tikal
Figura 27.- Hormiguero. Edificio V
Figura 28.- Pirámide de la Luna
Figura 29.- Composición con rojo, amarillo, azul y negro
Figura 30.- Edificio Seagrams
Figura 31.- Ciudad Universitaria
Figura 32.- Museo Nacional de Antropología

BIBLIOGRAFÍA

Arnheim, Rudolf,
Nuevos ensayos sobre psicología del arte, Ed. Alianza Editorial, Madrid, 1990.
...
Arte y percepción visual. Ed. Universitaria de Buenos Aires, Buenos Aires, 1985.

Artigas, Juan B.
Arquitectura a cielo abierto en Iberoamérica como un invariante continental. Edición del autor, México, 2001.
...
México. Arquitectura del Siglo XVI. Editorial Taurus, México, 2010.

Bachelard, Gaston
La tierra y los ensueños de la voluntad. Ed. Fondo de Cultura Económica. Breviario Num. 525, México, 1999

Balmori, Santos
Áurea Mesura. Ed. UNAM, México, 1978.

Bohm, David
Wholeness and the implícate order. Ed. Routledge Clasics, New York, 2005.

Broda Johanna
Arqueoastronomia y Etnoastronomia en Mesoamérica, Ed. UNAM, Instituto de Investigaciones Históricas, México, 1991.

Critchlow et al.
Homage to Pitágoras, Ed. Christopher Banford. New York, 1994.

Chavero, Alfredo
"Historia Antigua y de la conquista", en *México a través de los siglos.* Ed. Cumbre, México, 1981.

Dewes, Ada,
"De laberintos y lenguajes" en *Semióticas no verbales,* Acta Poética, Ed. UNAM, México, 1992.

Díaz del Castillo, Bernal
Historia verdadera de la conquista de la Nueva España. Ed. Promociones Editoriales Mexicanas. México, 1979.

Eliade, Mircea,
Tratado de historia de las religiones, Ed. Era, México, 1994.

Fernández, Justino
Estética del arte mexicano. Ed. Instituto de Investigaciones Estéticas, UNAM, México, 1990.

Frankl, Paul T.
Principios fundamentales de la historia de la arquitectura. Ed. Gustavo Gili, Barcelona, 1981.

Fuente, Beatriz de la
Peldaños en la conciencia. Ed. UNAM, 1989.

Gadamer, Hans-Georg
Verdad y método. Ed. Sígueme, Salamanca, 2005.

Gendrop Paul
Arte prehispánico en Mesoamérica. Ed. Trillas, México, 1993.

...
Los estilos Río Bec, Chenes y Puuc en la arquitectura maya. Ed. UNAM, México 1983.

Ghyka, C. Matila
El número de oro, Ed. Poseidón, Barcelona, 1978, Tomo I Los ritmos,

Giedion, Sigfried
Espacio, tiempo y arquitectura, Ed. Reverte, Barcelona, 1942

Godoy, Iliana
Pensamiento en piedra. Ed. UNAM, Facultad de Arquitectura, México, 2004.

...

"Hacia una hermenéutica del espacio mesoamericano" en *El arte mexicano en el imaginario americano.* Ed. UNAM, Centro de Investigación y Estudios Arquitectónicos (CIEP), México, 2007.

...

Sincronicidad y arte mesoamericano. Ed. Benemérita Universidad de Puebla (BUAP), México, 2011.

González Ochoa, César
"La cuadratura del círculo. Notas acerca del sentido del templo cristiano", *en Semióticas no verbales,* Acta poética, UNAM, México, 1992, pp. 77- 106

Humboldt, Alejandro
Ensayo político de la Nueva España. Ed. Instituto Cultural Helénico, México, 1985.

Husserl, Edmond
Ideas relativas a una fenomenología pura y una filosofía fenomenológica, Ed. Fondo de Cultura Económica, México, 1945.

Kant, Immanuel
Crítica del juicio. Ed. Espasa Calpe, México, 1990.

Kubler, George
The shape of time. Ed. Yale University Press, Paperback, 2008.

Lawerier, Hans
Fractals. Ed. Princeton University Press, New Jersey, 1991.

Loos, Adolf
Ornamento y Delito, y otros ensayos, Barcelona, Ed. Gustavo Gili, 1972.

Mangino Tazzer, Alejandro
Arquitectura Mesoamericana. Relaciones espaciales, Ed. Trillas, México, 1983

Marquina, Ignacio
Arquitectura prehispánica. Ed. INAH, México, 1964.

Martínez del Sobral, Margarita
Geometría prehispánica, Ed. Fondo de Cultura Económica, México 2000.
...
Numerología astronómica mesoamericana, Ed. Facultad de Arquitectura, UNAM, México, 2010.

Novoa, César
Espacio y forma en la visión Prehispánica. Ed. Facultad de Arquitectura, UNAM, 1978.

Paz, Octavio
El arco y la lira. Ed. Fondo de Cultura Económica, México, 1981.
...
Poesía de Xavier Villaurrutia. Ed. UNAM, México, 1977.

Peat, David
Sincronicidad. Ed. Kairos, Barcelona, 1988.

Pedoe, Dan,
La geometría en el arte, Ed. Gustavo Gili, Barcelona, 1979.

Ricoeur, Paul
Teoría de la interpretación, Ed. Siglo XXI, México, 2002.

Ruskin John
The seven lamps of architecture. Dover publications, New York, 1989.

Schapiro, Meyer
Theory and philosophy of art: style, artist and society, Ed. George Braziller, New York, 1994.

Todorov, Tzvetan
El problema del otro, Ed. Siglo XXI, México, 1982.

Trevi, Mario
Metáforas del símbolo, Ed. Anthropos, Barcelona, 1996.

Toscano, Salvador
Arte precolombino de México y de la América Central. Ed. UNAM, Instituto de Investigaciones Estéticas, México, 1952.

Valèry, Paul
Eupalinos o el arquitecto, Ed. UNAM, Facultad de Arquitectura, México, 1991.

Villagrán, José
Teoría de la arquitectura, Ed. UNAM, México, 1988.

Villalobos, Alejandro
Perspectivas de la investigación arqueológica, Ed. CONACULTA, INAH, ENAH, México, 2006.

Westheim, Paul
Ideas fundamentales del arte prehispánico en México. Ed. Era, México, 1972
...
Arte Antiguo de México. Ed. Era, México, 1997.

Worringer, Wilhelm
Abstracción y naturaleza, Ed. Fondo de Cultura Económica, Breviarios Número 80, México, 1975.

Zevi, Bruno
Saber ver la arquitectura, Ed. Poseidón, Buenos Aires, 1967.

www.ingramcontent.com/pod-product-compliance
Lightning Source LLC
Chambersburg PA
CBHW080452170426
43196CB00016B/2769